Green Kitchen Stories

Green Kitchen Stories

Läckra vegetariska vardagsrecept
David Frenkiel & Luise Vindahl

Översättning: Sandra Medin
Foto: Johanna Frenkel

Innehåll

vi	*Inledning*
6	I vårt skafferi
14	En sund start
20	Basrecept
32	På morgonen
60	Lättare rätter
90	Mat på väg
110	Familjemiddagar
154	Munsbitar
180	Drycker
204	Sötsaker
238	*Register*
248	*Tack. Tak. Thank you!*
249	*Om författarna*

Markeringen GF vid ett recept visar att det är glutenfritt. V står för veganskt.

Inledning

Ögonblicket då vi möttes krockade våra två matvärldar. Jag var den osunda vegetarianen (ja, det finns faktiskt sådana) som i stort sett levde på pasta, pizza, godis och glass. Och Luise var en väldigt hälsomedveten köttätare som praktiskt taget inte åt några av dessa saker. Efter några (minst sagt) besvärliga månader fattade vi ett beslut. Vi insåg att en förutsättning för att kunna leva tillsammans var att jag lärde mig mer om fullkorn, quinoa och naturlig sötning, medan Luise bestämde sig för att börja skära ner på kött och börja laga mer grönsaksbaserade rätter. Och i stället för att fokusera på allt som vi inte åt, gjorde vi tvärtom.

Plötsligt började våra samtal handla om hur man lagar en middag som sätter grönsakerna i fokus och ändå ger tillräckligt med näring efter en lång arbetsdag eller efter ett träningspass. Vi fyllde vårt hem med frukt, grönsaker, nötter, frön, fullkorn och bra fetter och bestämde oss för att börja laga mat och göra efterätter som var nyttiga och gröna, utan att vara tråkiga.

En av de första sakerna som vi lagade var en morotskaka, där man faktiskt kunde känna morötternas konsistens och söta smak, inte bara socker. Och vi ugnsbakade örtfalafel som vi lade i tunna krispiga kålblad i stället för vanligt torrt pitabröd. Vi lärde oss också att uppskatta enkla saker som färskpressad grönsaksjuice, som är sötare än allt som finns i mataffären, men inte innehåller något socker alls. Möjligheterna kändes helt plötsligt oändliga och allt vi lagade smakade så mycket godare än tidigare. För att dokumentera våra matlagningsäventyr köpte vi en kamera, registrerade bloggen Green Kitchen Stories och började skriva. Och det har vi gjort i över fyra år nu. Den här boken är en sammanfattning av det vi har lärt oss och kanske ett slags vägledning till vårt sätt att tänka kring mat.

För att ge dig en helhetsbild spolar vi tillbaka bandet några år. Vår historia inleddes en sen kväll på ett litet dansgolv inte mer än tio meter från Tibern och tjugo meter från Castel Sant'Angelo i centrala Rom. Det var där vi träffades och förälskade oss i varandra för sex år sedan. Jag tror inte att ämnet mat kom på tal den kvällen (märkligt eftersom vi var i Italien och alla ALLTID pratar om mat där). Men jag är säker på att vi pratade om mat på vår första dejt, en vecka senare. Jag var så nervös att jag hade memorerat tjugo frågor för att undvika att inte ha något att säga. Jag hade då bott i Rom i ett halvår, så naturligtvis handlade femton av frågorna om mat. Det tog oss inte lång tid att förstå att vår inställning till mat skilde sig oerhört mycket åt.

Jag har varit vegetarian sedan jag var femton år. Det har aldrig varit ett radikalt val för mig. Jag är ingen kötthatare, jag har bara valt att äta grönsaker i stället. Det får mig att må bättre på alla tänkbara sätt. Jag kan sitta vid ett bord med folk som äter biff utan att kommentera eller ens tänka på det. Men jag förväntar mig samma bemötande tillbaka. Det jag äter är mitt val, så var snäll och bespara mig ironiska kommentarer. Även om jag gillade att tillbringa tid i köket innan jag träffade Luise fyllde jag större delen av tallriken med pasta, potatis, bröd och vitt ris.

Luise har alltid varit noggrann med vad hon äter. Hon gör många medvetet nyttiga val som för vissa kan verka komplicerade, men som för henne känns helt självklara. Hon har alltid levt ett aktivt liv och att äta bra mat är en väsentlig del av det. Hon äter lite fisk och ekologisk kyckling ibland, men hon har blivit otroligt kreativ i köket och kan förvandla några få grönsaker till en festmåltid. För henne handlar hälsa inte bara om att äta grönt, hon är också väldigt intresserad av örtmedicin och naturliga läkemedel. Och uppenbarligen måste hon göra någonting rätt, för jag har aldrig träffat någon som ser så frisk ut och drabbas så sällan av sjukdomar.

I dag bor vi i en trång men charmig lägenhet i Stockholm med vår dotter Elsa. Fastän vi har egna karriärer och ingen av oss har någon professionell bakgrund inom matlagning, har mat blivit något som vi pratar om från tidig morgon till sen kväll.

Vi försöker äta så varierat som möjligt hemma. Därför är våra rätter ibland råa och ibland tillagade. Ibland innehåller de bovete, som är glutenfritt, och ibland dinkel, som inte är det. Många av våra rätter är veganska, men vi älskar att äta ägg och ost då och då. Om du tittar in i vårt kök ser du inte bara nötterna som Elsa har spritt ut över golvet, utan också ett hav av olika sorters fullkorns- och glutenfria mjöler, torkad frukt, frön, supermat och flerfärgad quinoa i vårt skafferi. Om du öppnar vårt kylskåp blir du antagligen anfallen av ett ekologiskt vitkålshuvud. Det brukar vara så stort att vi slänger in det precis innan vi stänger kylskåpsdörren, därför är det också det första som hoppar ut när man öppnar. Bakom det kanske du hittar fler säsongsgrönsaker (ekologiska, när de inte är för dyra), sju miljoner burkar med nötsmör och olika röror, getyoghurt och tre olika sorters växtmjölk, vanligtvis havre, mandel och ris. Även om det kanske låter lite överdrivet är det en exakt beskrivning av hur vårt kök ser ut just nu. Vi har inte ett perfekt och välstädat hem, men det är i alla fall fyllt med naturlig mat.

Den här boken är full av recept från vårt vardagsliv och innehåller också några enkla tips för hur man får ett mer varierat och grönare skafferi. Vi hoppas att boken ska vara enkel, grundläggande och väldigt användbar. Här har vi delat med oss av den sortens mat som vi ofta äter hemma. Alla våra rätter kan inte snos ihop på tjugo minuter, men många av dem kan det (några tar till och med kortare tid). Vissa recept tar flera timmar, men det är de värda. Vi har försökt se till att det finns många rätter att välja på (eller anpassa) om man är vegan eller har någon allergi. Runt nittio procent av rätterna i boken är förresten glutenfria.

Vi har delat in boken i kapitlen På morgonen (där du hittar frukostar för både en stressig tisdag och en helgbrunch), Lättare rätter (passar till luncher och lättlagade middagar hela veckan), Mat på väg (rätter som klarar några timmar i en picknickkorg), Familjemiddagar (perfekt när många samlas för en helgmiddag), Munsbitar (för buffébordet eller som tillbehör), Drycker (allt från färskpressade juicer till indiskt chai-te) och Sötsaker (för att skämma bort godisgrisen i dig, men allt är naturligt sötat med frukt och fullproppat med fullkorn).

Vår matinspiration kommer ifrån hela världen. Vi läser förstås en massa bloggar, men vår lilla familj har även rest jorden runt tillsammans. Du kan antagligen följa vilka länder vi har besökt bara genom att titta på namnen i receptregistret. Ett land som vi alltid återvänder till är Italien, vilket märks på vårt sätt att använda olja, citron och färska örter. Dessutom har vi slängt in lite av vårt skandinaviska arv i boken. Klassiskt mörkt danskt rågbröd, svensk pyttipanna, kall dansk bärsoppa, äggsallad med curry, läckert tunt knäckebröd och en pannkakstårta som får det att vattnas i munnen. Vi har tagit med rätter som de flesta skandinaviska familjer har sin egen version av, men gett dem vår egen touch. De flesta av recepten har skrivits unikt för boken, men vi har också tagit med våra favoriter från bloggen. Dessa recept har fått nya bilder och många av dem har även ändrats på olika sätt – nya smaker har lagts till, tillagningssättet har fulländats eller så finns det nya förslag på vad man kan servera till dem. Så även om du kanske känner igen ett recept kan det vara värt att testa det igen.

Luise och jag har skrivit boken och tagit fram alla recept tillsammans. Båda våra röster kommer att vägleda dig genom boken (ibland hörs även vår dotters röst). Vi hoppas att du hittar många nya favoritrecept, men också att vi kan inspirera dig att följa din egen väg in i den naturliga matens värld.

David

I vårt skafferi

Även om ingredienserna som vi har i vårt kök ständigt byts ut finns det många saker som vi alltid ser till att ha hemma. Här har vi sorterat dem i listor med korta förklaringar på varje produkt – se det som vår handledning för att få vårt gröna kök att flytta in i ditt. Med de här ingredienserna hemma kommer du inte bara att vara redo att testa de flesta av recepten i boken utan även kunna börja improvisera själv. Att skapa ett grönare, nyttigare och mer mångsidigt skafferi är nog den bästa starten för att kunna förbättra sina matvanor. Det blir så mycket lättare att baka med naturlig sötning eller fullkorn när man har allt till hands. Det är tyvärr ganska dyrt att köpa ekologiska produkter, fullkorn, nötter och frön, så känn dig inte tvungen att skaffa allt på en gång, utan se bara till att du har några ingredienser i varje kategori.

SMÖR, VINÄGER OCH OLJA

Att leva sunt betyder inte att man ska undvika fett, snarare tvärtom. Fett är oerhört viktigt. Men visst spelar det roll vilka oljor och fetter man väljer, vilka man kan värma och vilka man kan använda som de är. Här är våra favoriter.

Balsamvinäger
En mörk vinäger med en fyllig och len sötsur smak.

Ghee (klarat smör)
Väldigt läckert som det är, men också perfekt för stekning eftersom det har hög rökpunkt. Använd till både desserter och maträtter. På sidan 25 finns recept på hur man gör ghee.

Kokosolja/kokossmör, kallpressad
Säljs med eller utan kokossmak. Kokosolja har hög rökpunkt, så den är idealisk för stekning. Oljan blir flytande eller "krämig" i rumstemperatur och fast när den förvaras i kylskåpet. Vi använder ofta kokosolja i raw food-desserter.

Linfröolja, kallpressad
Innehåller mycket omega-3 och omega-6, som är viktiga för veganer. Vi använder den främst i smoothies.

Olivolja, kallpressad
Bäst när den används som den är eller uppvärmd vid låga temperaturer. Vi använder olivolja med starkare smak i sallader eller ringlar den över pizzan, och en mildare olivolja för stekning och bakning.

Rapsolja, kallpressad
Väldigt vanlig i Skandinavien. Har en fin nötig smak och är perfekt som den är eller i bakverk.

Risvinäger
God i asiatisk mat och i ris, förstås. Vi använder risvinäger i sushiexplosion på sidan 132.

Rödvins- och vitvinsvinäger
Perfekta i sallader och marinader.

Sesamolja, oraffinerad
En mycket smakrik olja, det behövs oftast bara några få droppar. God i asiatisk mat. Vi använder den för att marinera tofu och smaksätta sallader och nudelrätter.

Smör
Ger härlig smak åt kakor och godis. Ibland byter vi ut smöret mot den mer neutrala kokosoljan. Välj helst ekologiskt smör från gräsbetande kor.

Äppelcidervinäger
Vår favoritvinäger, som har en fruktig och syrlig smak och är billigare än många andra vinägersorter. Härlig i salladsdressingar.

NÖTTER OCH FRÖN

Om man kikar in i vårt skafferi ser man en förskräcklig massa nötter och frön. Vi är helt beroende och använder dem i allt från frukostar, sallader, middagar och desserter. Nötter och frön innehåller mycket protein, bra fetter och mineraler och är därför viktiga för vegetarianer.

Amarant
Ett glutenfritt frö som är ännu mindre än quinoa, men innehåller lite mer protein. Vi har fyllt tomater med kokt amarant på sidan 152.

Bovete, helt
Ett glutenfritt trekantigt frö. Vi använder bovete i vår bovetegröt med ingefära på sidan 57.

Cashewnöt
En söt nöt med fyllig smak. Passar att blötlägga och för att göra raw food-grädde eller raw food-ost.

Hampafrön
Hampa är släkt med marijuana, men man blir inte hög av den. Fröna har en nötig, nästan söt smak och är fullproppade med protein och en rad olika mineraler och vitaminer. Hampafrön blir god växtmjölk, men de passar ännu bättre att strö över müsli.

Hasselnöt
Härlig i både desserter och maträtter. Prova ugnspaket med hasselnöt, aubergine & svamp på sidan 126.

Kokosflingor
Gott till frukostar, bakning, smoothies och soppor.

Linfrön
Bruna eller gyllengula och rika på omega-3-fettsyror. Vi tillsätter linfrön i desserter, bröd och smoothies för att göra dem mer näringsrika.

Macadamianöt
En knaprig vit nöt. Läcker som den är och i chokladdesserter.

Mandel
Innehåller hög andel bra fett och är lätt att göra smör på. Vi använder rostad mandel i sallader, granola och desserter.

Nöt- och frösmör
Perfekt som pålägg på bröd, på gröt, i smoothies och i raw food-chokladmousse. Vi brukar ha flera olika sorter hemma. Våra favoriter är smör gjorda på jordnötter, sesamfrön (tahini), mandel, solrosfrön och aprikoskärnor.

Paranöt
Vi älskar blötlagda paranötter som snacks eller i vår frukostskål på sidan 46.

Pinjenöt
Dyr liten nöt som är pestons bästa kompis.

Pistaschnöt
Inte bara vår favoritsmak på glass, utan även underbar i muffins och i maträtter tillsammans med getost.

Psylliumfrön (loppfrön)
Passar till glutenfri bakning. De binder fukt och gör bröd mindre smuligt.

Pumpafrön
Ger allt från granola till soppor och sallader ytterligare en dimension. Pumpafrön har en lite grynig konsistens när de är naturella och blir knapriga när de rostas.

Quinoa, röd, vit och svart
Ett glutenfritt superfrö som är fullproppat med protein och fibrer. Olika färger har lite olika smak. Vacker i sallader.

Solrosfrön
Innehåller mindre fett än nötter och är inte lika allergiframkallande. Davids favoritfrön – han använder dem ofta till bakning och desserter. Vi brukar rosta dem hastigt för att förstärka smaken. Kolla in pajbottnen i vår frysta jordgubbscheesecake med solrosbotten på sidan 218.

Valnöt
Har samma form som hjärnan och det är precis vad den är bra för. Passar till bakning.

TORKADE BÖNOR, LINSER OCH ÄRTER
Baljväxter är vegetarianens främsta proteinkälla. De innehåller mycket fibrer, har hög halt mineraler, vitaminer och långsamma kolhydrater och är en väldigt billig proteinkälla. Köp stora påsar torkade bönor, ärter och linser. Blötlägg, koka och frys in dem i portionsförpackningar så har du alltid en lättlagad måltid till hands. Kokanvisningar finns på sidan 28.

Adzukibönor
De här smakrika små bönorna kallas också "bantarbönor". Passar till "chili sin carne" eller andra böngrytor.

Beluga- och puylinser
Vackra linser med underbar smak. Håller ihop bättre än röda och gula linser. Vi serverar dem som ett alternativ till ris och pasta.

Borlottibönor
Försök att få tag på färska borlottibönor, de är otroligt vackra. Härliga i soppor.

Cannellinibönor
Små vita bönor. Passar som pålägg på bröd eller i vår bönversion på risotto på sidan 146.

Gula och gröna torkade ärter
Sötare och krämigare än linser. Prova vår gryta med rabarber, äpple & pumpa på sidan 116.

Kidneybönor
Njurformade, förstås, och söta i smaken. Härliga i kryddstarka grytor.

Kikärter
Elsas favorit. Om man ställer en skål kokta kikärter framför henne tar de slut på bara några minuter. Vi använder dem till sallader, soppor och hummus.

Limabönor
Stora vita bönor som är perfekta i blandade bönsallader. Gör soppor silkeslena och krämiga.

Linser, röda, gula och gröna
Härliga i soppor och indisk mat. Prova indisk daal med söta aprikoser & blomkål på sidan 115.

Mungbönor
Vacker färg. Luises favoritböna för groddning. Prova vår ceviche med mungbönsgroddar på sidan 167.

Pintobönor
Pinto betyder målad på spanska och det är precis så de ser ut. Vi använder dem på bruschetta.

Svart-/gulögda bönor
Gräddvita bönor med det karakteristiska svarta eller gula "ögat". Toppa dem med lite olivolja, citron och örter så får du en läcker sallad.

Svarta bönor
Den vanligaste bönsorten i latinamerikansk mat. Prova våra savojtacos på sidan 82.

Tofu
Görs av sojabönor. God varm eller kall och perfekt för att göra rätter mer mättande. Välj om möjligt GMO-fri ekologisk tofu.

Vita bönor
Den här lilla vita bönan är söt i smaken och kan användas som ett alternativ till cannellinibönor.

VÄXTBASERAD MJÖLK OCH GRÄDDE

Mjölkdebatten har varit livlig de senaste åren och mycket har sagts både för och emot, så vi tänker inte tråka ut dig mer med det. I stället har vi sammanställt en lista över våra favoriter när det gäller mjölk och grädde. De flesta kan användas som ersättning för komjölk, men använd soja- eller kokosmjölk om den ska värmas. Det finns många goda sorter att testa, så börja provsmaka nu.

Getmjölk
Tjock och krämig mjölk som vanligtvis finns att köpa på små gårdar, men även vissa livsmedels- och hälsokostaffärer säljer den.

Hampamjölk
Hemlagad sötad hampamjölk är mycket godare än den som finns att köpa eftersom den är lite besk.

Havre-, soja- och nötgrädde
Utmärkt mejerifritt alternativ till vanlig grädde. Köp i affär eller se vårt recept på sidan 27.

Havremjölk
Vi har oftast havremjölk hemma eftersom den är lätt att få tag på i Sverige och är billigare än till exempel mandelmjölk. Om du inte hittar havremjölk kan du göra egen med hjälp av receptet på sidan 27.

Kokosmjölk
En naturligt fet växtmjölk. Ofta förekommande i indiska grytor, men vi använder den även i desserter, glass och shakes.

Nötmjölk
Gör egen nötmjölk genom att följa vårt recept på sidan 27.

Rismjölk

Vi använder rismjölk i smoothies, den är lite sötare än havremjölk.

Sojamjölk

Går utmärkt att värma och göra skum av.

NATURLIG SÖTNING

Oavsett om du letar efter ett recept på en smaskig dessert, en lyxig tårta eller en söt dryck kommer du inte att hitta socker någonstans i boken (förutom i receptet på pärlande kombuchacocktail på sidan 184). För några år sedan började vi gå över till mer naturliga alternativ för att söta våra rätter. I dag har vi inte ens vanligt socker hemma. Det var en utmaning för oss i början, men nu tycker vi verkligen om de naturliga smakerna som de här sötningarna ger.

Aprikoser och katrinplommon, osvavlade och torkade

Riktigt god sötning i grytor, fruktkrämer, gröt och sylt.

Banan

Används för att söta shakes och smoothies, men även i mjuka fruktkakor. Kan bytas ut mot väldigt mogna päron.

Björksocker (naturlig xylitol)

Snabblösligt och ser ut och smakar nästan som socker. Använd endast i små mängder. Vi blandar björksocker med kanel och strör det över risgrynsgröt.

Dadlar, färska och torkade

Väldigt söta. Goda att mixa med nötter till läckra vegankakor, pajskal och tryfflar. Raw dadelsirap (sidan 30) är ett bra alternativ till agavesirap, honung, lönnsirap och yaconsirap.

Honung, raw och flytande

Vi är så lyckligt lottade som har vänner som förser oss med ljuvlig raw honung. Honung innehåller antioxidanter, mineraler och vitaminer och är därför ett väldigt bra alternativ för naturlig sötning. Ta en liten honungsshot på morgonen – blanda hett vatten, honung, ingefära, citron och ghee i en kopp.

Kokossocker

Ser ut ungefär som råsocker, smakar som kola och är härligt i kakor.

Lönnsirap, ren

När Elsa föddes skickade en bloggläsare en flaska ren lönnsirap från Kanada och vi har varit helt förälskade i den sedan dess. Vi använder lönnsirap i bakning, på pannkakor, våfflor, gröt eller havregrynsgröt.

Vaniljessens, vaniljstång eller vaniljpulver

Vi älskar vanilj. Den ger desserter en söt och särpräglad smak.

Äppelsirap, äppelmust och osötat äppelmos

Äpplen som pressas till must och kokas till sirap passar bra i fruktjuicer, granola och bakning, men även i marinader. Äppelmos kan användas som sötning eller för att ersätta ägg i mjuka kakor. Det är lätt att göra äppelsirap och äppelmos. (sidan 30)

PASTA OCH NUDLAR

Det finns många fler närings- och smakrika sorter än vanliga vetenudlar. Det finns pasta och nudlar i många olika färger, smaker och former.

Fullkorns- och glutenfri pasta

Finns i många olika sorter, t.ex. majs, dinkel, bovete och ris.

Fullkornslasagneplattor

Vi använder ofta zucchini-, sötpotatis- eller aubergineskivor i stället, men när vi inte gör det använder vi fullkornslasagneplattor.

Sjögräsnudlar

Raw food-nudlar som görs av sjögräs. Neutral smak. Lätta att smaksätta med en läcker dressing.

Udonnudlar (risnudlar) och sobanudlar (bovetenudlar)
Goda glutenfria alternativ. Passar bra i asiatiska sallader eller kryddstarka kokossoppor.

MJÖL OCH GRYN

När vi började använda fullkornsmjöl i stället för vitt vetemjöl gjorde vi det för att få nyttigare bröd och desserter. Men när vi lärde oss mer om mjölsorternas olika egenskaper, konsistenser och smaker insåg vi att kakorna, bröden och pannkakorna som vi lagar numera är mycket mer smakrika och intressanta än tidigare. Många av våra mjölsorter är glutenfria, men inte alla.

Arrowrot
Naturlig stärkelse, till bakning och för att reda grytor, desserter och soppor. Sluta koka när såsen har tjocknat, annars blir den lös. Används i rödbetsbourguignon på sidan 121.

Bakpulver och bikarbonat
För muffins, scones och bakverk som inte ska jäsa.

Bovetemjöl
Glutenfritt mjöl med mustig smak. Vi använder det i pannkakor och crêpes, men även i muffins.

Dinkelmjöl
Släkt med vete. Mindre raffinerat, med mer fibrer och mindre gluten (inte glutenfritt). Mild och söt smak – vår favorit för bakning. Fin elasticitet och jäsning. Knåda inte för länge, då blir brödet smuligt.

Fullkornscouscous
Görs av vete och serveras ofta med nordafrikanska rätter. Gott i sallader. Prova vår marockanska tagine av grönsaker på sidan 125.

Havregryn
Används till ugnsbakad havregrynsgröt och spröda kakor. Kan användas som äggfritt bindemedel i vegoburgare och -bullar. Många havregrynssorter innehåller spår av gluten, men det finns även glutenfritt havregryn.

Hirs
Glutenfritt och rikt på fibrer och protein. Vi använder hirs som glutenfri ersättare för couscous eller mosar den med blomkål och äter som tillbehör.

Jäst, färsk och torr
I de flesta av våra bröd- och pizzarecept har vi använt torrjäst eftersom vi alltid har det hemma. Men man kan använda färsk jäst i stället. Följ anvisningarna på förpackningen.

Kamutmjöl
Kamut är ett näringsrikt fullkornsmjöl i vetefamiljen. Ett bättre alternativ än vanligt vetemjöl.

Kastanjemjöl
Glutenfritt. Finns i de flesta hälsokostaffärer. Mjölet har en otroligt nötig smak och är gott i crêpes, bröd och mjuka kakor.

Kikärtsmjöl
En av våra favoriter bland de glutenfria mjölsorterna. Gott att blanda med mandelmjöl i pajskal. Passar även till pannkakor.

Majsmjöl
Glutenfritt mjöl med tydlig smak av majs. Passar bra i tortillor, majsbröd eller våra matmuffins på sidan 95.

Majsstärkelse
Finmalen, vit majsstärkelse som används till redning och bakning.

Mandelmjöl
Glutenfritt och underbart att använda i pajskal. Ger allting en söt nötig smak. Gör mandelmjöl själv genom att mala naturella mandlar till ett fint pulver, eller köp färdigt mandelmjöl.

Polenta
Glutenfritt grovmalet majsmjöl. Använd i stället för potatismos till middagen. Man kan också koka en söt gröt med kanel och nötmjölk.

Quinoamjöl
Glutenfritt mjöl med hög proteinhalt. Ger saftiga bakverk.

Ris – rött, svart, brunt, vildris
Glutenfritt. Fantastisk variation av färger, smaker och konsistenser och mycket nyttigare än raffinerat vitt ris. Vildris är i själva verket ett gräs.

Rismjöl, brunt
Ett glutenfritt mjöl med nötig smak. Bra till bakning. Vi använder det ofta tillsammans med andra mjölsorter.

Råg, vete, dinkel och korn, helt
Hela korn utan skal. Blötlägg kornen och koka dem med örter eller kryddor så blir din sallad en festmåltid. Goda i grytor och bröd också. Prova det mörka danska rågbrödet på sidan 58.

Rågmjöl
Ett mörkt mjöl som vi använder i rågbröd, pannkakssmet, kakor och knäckebröd. Mjölet är ganska oelastiskt och svårt att knåda, därför passar det bättre till lösa smeter och degar.

Vetegroddar
Fullproppade med näring. Man kan byta ut 1 ¼ till 2 ½ deciliter av mjölet mot vetegroddar när man bakar. Använd vetegroddar i pannkakor, våfflor, bröd och kakor.

SUPERMAT

Vi använder dessa produkter för att tillföra näring i smoothies, desserter eller bakverk. De ger kroppen en koncentrerad dos högvärdiga näringsämnen. Vissa kan vara väldigt dyra och andra ganska billiga beroende på var i världen man bor, så titta in i din hälsokostaffär.

Acaipulver
Vackert lila bär från Sydamerika. Innehåller fler antioxidanter än blåbär. Säljs endast fryst eller torkat och kan vara svårt att få tag på. Vi använder det främst i smoothies eller shakes.

Bipollen
Små gula/orangefärgade korn. Passar naturligtvis bra ihop med honung. Smakar sött. Perfekt i smoothies. Fint att strö över gröt och desserter.

Carobpulver
Ser ut som kakao och passar bra att blanda med den. Smaken är dock annorlunda, men ändå söt. Kalciumrik. Vi tillsätter carobpulver i chokladmousse eller när vi bakar.

Chiafrön
Ett superfrö som är ännu mer näringsrikt än linfrön, men också dyrare. Vi använder ofta chiafrön i stället för ägg när vi bakar eller tillsätter dem i smoothies.

Goji-, inca-, mull- och tranbär, torkade
Superbär med mycket antioxidanter. Välj helst ekologiska.

Kakao, raw och kakaonibs
Supermat av hög kvalitet. Hög magnesiumhalt och mycket rika på antioxidanter. Härliga i raw food-desserter.

Noriark
Torkat sjögräs från rödalgen. Vi använder noriark till sushi, norirullar och sushisallad. Ärligt talat så är det den enda algen som vi är galna i.

Nyponpulver
Görs av torkade nypon. Mycket hög C-vitaminhalt. Smakar som frukt och blommor. Vi älskar pulvret i mjuka kakor och bröd, men även i frukostyoghurten.

Nässlor, torkade
Fullproppade med järn. Köp i hälsokostaffär eller häng upp nässlor på tork och mal dem sedan för hand. Vi använder torkade nässlor i smoothies, gröt, pannkakor, bröd och te.

Proteinpulver på hampa, ärter eller brunt ris
   Näringsrika, naturliga proteinpulver. Passar bra i frukostsmoothien eller drycken efter träningen. Även bra när barnen är inne i en matvägrarfas.

Spirulinapulver
   En blågrön mikroalg. Tillsätt en sked spirulinapulver i drycker eller gör chokladtryfflar med spirulina på sidan 232.

Vetegräspulver
   Väldigt hälsosamt. Används ofta inom holistisk medicin för att förnya celler. Vi blandar ofta vetegräspulver med citron för att neutralisera smaken. Prova vår gröna, renande energishot på sidan 193.

SYRADE PRODUKTER

Syrad mat innehåller naturlig probiotika (levande bakterier), som är nyckeln till vår allmänna hälsa och välbefinnande. Det är matsmältningssystemets bästa medicin.

Kimchi
   Chilistark syrad salladskål. Vi använder den för att ge grytor asiatisk touch. David gör egen kimchi, men den kan även köpas i asiatiska livsmedelsaffärer.

Kombucha
   Syrat, pärlande te. Vi har alltid en kombuchasvamp hemma i en burk. sidan 184.

Miso
   Asiatisk pasta på jästa bönor eller spannmål. Används i soppor, röror eller såser. All misopasta är inte vegetarisk. Välj ekologisk och GMO-fri miso.

Sauerkraut
   Mjölksyrad vitkål. Supernyttig och perfekt att toppa grytor eller fylla smörgåsar med.

Soja och tamari
   Asiatisk sås på jäst bön- eller spannmålspasta. Välj ekologiska och GMO-fria produkter.

Surdeg
   Den naturliga jäsningsprocessen och mjölksyrebakterierna gör surdegsbröd till det mest hälsosamma brödet som finns. Rågmjöl passar i degen.

KÖKSUTRUSTNING

Utrymmet i vårt kök är begränsat, så vi har bara några få köksapparater som vi kan använda till nästan allt. Vi har ingen hushållsassistent, därför har vi angett hur man bakar våra bröd för hand. Om man använder en maskin kan man hoppa över knådningen.

Juicemaskin/råsaftcentrifug
   Den är svår att diska, men vi använder vår juicemaskin galet ofta för att göra söt juice av veckogamla grönsaker och frukter i stället för att slänga dem. Se våra juicningstips på sidan 188.

Köksvåg
   En köksvåg är det enda sättet att kontrollera måtten när man bakar. En digitalvåg är bäst eftersom den kan tareras och användas med olika kärl.

Mixer
   Efter att ha betat av några billiga märken köpte vi till slut en Vitamix. Det är en av de starkaste mixerapparaterna som finns och den mixar med lätthet nötter till lent nötsmör eller nötmjölk och gör smoothies tjocka och krämiga.

Mortel
   Bra redskap för att mala kryddor och göra pesto. Nymalda kryddor smakar mycket mer än färdigmalda.

Stavmixer och matberedare
   Vår mest använda köksapparat. Trots att jag en gång råkade ut för en otäck olycka med den så använder vi den ändå nästan varje dag. Vi använder stavmixern till soppor och smoothies och sätter sedan fast den på en matberedare för att göra pesto och mala nötter.

En sund start

När Elsa föddes blev mat ännu viktigare för oss. Vi visste från början att vi ville att hon skulle äta samma mat som vi. När vi började planera den här boken pratade vi om att ha med ett kapitel om barnmat, men när vi diskuterade fram och tillbaka insåg vi att sedan Elsa började äta fast föda har hon faktiskt fått samma mat som vi. Och det har fungerat, så i stället för att dela med oss av särskilda barnrätter kommer vi bara att ge våra bästa tips för hur man ger sina barn en bra och hälsosam start så att de lär sig att äta sunt. Det här är vad som har fungerat för oss och för Elsa, förhoppningsvis kommer du också att ha nytta av tipsen.

Försök att minska på eller utesluta gluten och mejeriprodukter under barnets första eller andra levnadsår. Gluten och laktos är svårsmält för alla, men särskilt för små barn. Även om man inte lider av någon allergi eller matintolerans, så kan man ha en överkänslighet mot dessa ämnen. Inget socker under barnets första levnadsår. Socker smakar gott, men det har många nackdelar – det orsakar hyperaktivitet, sänker immunförsvaret och kan leda till karies, för att nämna några. Vi har också vår egen teori om socker: när man väl har börjat ge barnen sötsaker blir det svårare att få dem att smaka på saker som inte är söta. Ju längre man väntar med sockret, desto mer öppna kommer barnen att vara för att smaka på ny mat och äta grönsaker, vilket kommer att göra livet mycket enklare för dig.

"En glass då och då skadar väl inte?" Du anar inte hur många gånger vi har hört den meningen. Och visst har de rätt, hon äter glass och livet går vidare. Men varför börja onödigt tidigt? Fram tills hon var två år hade Elsa aldrig bett om glass själv, hon visste inte ens vad det var. Under barnets första två år är det vi vuxna som bestämmer vilken mat våra barn bör äta och det är så de lär sig – det är vårt ansvar som föräldrar. Om någon vill ge ditt barn en glass beror det nog antagligen inte på att barnet har bett om den, utan på att han eller hon vill ge den till henne. Det tål att tänkas på.

Om du är vegetarian rekommenderar vi att du uppfostrar dina barn att bli det tills de är gamla nog att uttrycka sin egen åsikt. Varför ge ditt barn något som du själv inte skulle äta? De får gott om protein, fett, vitaminer och mineraler från grönsaker, ägg, ost, olja, frukt, bönor, linser, frön och nötter. Du kan också ge dem vitamin- och mineraltillskott för små barn.

ÅTTA TIPS FÖR HUR MAN GER SINA BARN
EN SUND START I LIVET:

1. VAR ÖVERENS
Prata igenom allt med din partner så att ni båda är överens om varför ni gör det. Om ni inte är överens kommer varje middag att bli ett problem. Diskutera även saken med era familjer och nära vänner för att hjälpa dem med matförslag. Annars kommer de inte att våga bjuda er eller ert barn på middag längre…

2. KRÅNGLA INTE TILL DET
Förändra inte dina och ditt barns matvanor till det omöjliga. Hitta en nivå som du och din familj kan leva med. Vi bestämde att Elsa skulle äta fisk när hon var hos andra familjer eller i förskolan trots att vi inte äter det hemma. Det underlättar för dem, dessutom får hon massor av bra fetter och proteiner av fisken.

3. VAR EN BRA FÖREBILD
Det viktigaste är inte vilken mat man ställer fram till barnen, utan vad man själv äter. Det är vad barnen också vill äta. Vi lagar sällan särskild mat till Elsa och vi skulle aldrig äta en glass så att hon såg det om vi inte var beredda att också ge henne en.

4. EXPERIMENTERA MED FORM & KONSISTENS
Om ett barn inte gillar viss mat kan man försöka tillaga den på andra sätt. Det är inte alltid smaken som barnen ogillar, utan ibland är det formen eller konsistensen.

5. FÖRSTÄRK DERAS FAVORITMAT
Ett enkelt trick för att tillföra extra mineraler och vitaminer i barnens kost är att tillsätta supermat i deras favoritmat. Tillsätt till exempel grönsaksjuice när du bakar bröd eller muffins. Blanda ner spenat i pannkakssmeten eller broccoli, nässelpulver eller linfrön i bärsmoothies och gröt (de kommer inte att märka det).

6. HA ALLTID MELLANMÅL TILL HANDS
En svårighet med sunda matvanor är när ens barn ser andra barn äta någonting och hon vill äta samma sak. Det kan vara allt från en varmkorv till godis. Vi lärde oss tidigt att alltid ha med ett mellanmål eller en frukt så att vi kan ge henne det i stället. Om man tittar i Elsas ryggsäck hittar man nog alltid ett hårdkokt ägg, en morot, en frukt eller några quinoabiffar med blomkål & ramslök (se sidan 71).

7. TA DET LUGNT
Om du ser att ditt barn håller i en kaka får du inte bli hysterisk och ta den ifrån barnet eftersom det får motsatt effekt. Det är bara mat och det är viktigt att skapa ett naturligt förhållande till onyttig mat också.

8. UPPMUNTRA BARNET ATT ÄTA
Vi har varit väldigt avslappnade när det gäller bordskick. Så länge hon äter bryr vi oss inte om hon äter med gaffel, sked, ätpinne, sugrör eller fingrarna (soppa kan bli ganska kladdigt). Det positiva är att hon äter (nästan) allt vi ställer fram till henne. Om man har för många regler vid matbordet hamnar man lätt i situationer där barnet matstrejkar.

Basrecept

Här har vi sammanställt några basrecept och tillredningsmetoder för sådant som vi ofta gör själva. Allt från en italiensk tomatsås, som du kommer att ha nytta av i många av bokens maträtter, till hur man gör en enkel dadelsirap som kan användas i stället för andra sirapssorter, honung och melass i de flesta recept. Man kan köpa de flesta av de här sakerna i livsmedels- eller hälsokostaffärer, och det gör vi då och då, men när man gör dem själv får man lyxen att bestämma själv vad man har i dem.

GRÖNSAKSBULJONG
Ger cirka 3 ½ liter

2 msk kallpressad olivolja
2 gula lökar i klyftor, oskalade
3 vitlöksklyftor, oskalade
2 morötter, hackade i stora bitar
2 purjolökar, hackade i stora bitar
1 fänkålsstånd, hackat
1 selleristjälk, hackad
10–20 stjälkar bladpersilja
4 lagerblad
5 svarta eller vita pepparkorn
2 tsk havssalt
4 l vatten

Hetta upp oljan i en gryta på medelstark värme. Tillsätt gul lök, vitlök, morot, purjolök, fänkål och selleri. Fräs i 3–5 minuter tills allt fått lite färg och blivit mjukt. Tillsätt persilja, lagerblad, peppar, salt och 4 liter vatten. Koka upp, sänk sedan till mycket låg värme, lägg på locket och sjud sakta i ungefär 1 timme eller längre om du har tid. Smaka av och krydda mer om det behövs. Sila buljongen och låt svalna, rör om då och då. Mät upp i burkar om 2 ½ eller 5 dl och förvara dem i frysen i upp till 6 månader. Håller i kylskåpet i 1 vecka.

TOMATSÅS
Ger cirka 1 liter

2 msk kallpressad olivolja
1 gul lök, finhackad
2 vitlöksklyftor, finhackade
½ tsk torkad chili
3 burkar hela plommontomater à 400 g
5 basilikakvistar, bara bladen
havssalt
nymald svartpeppar

Hetta upp oljan i en kastrull på medelstark värme. Tillsätt gul lök, vitlök och chili och fräs gyllenbrunt i några minuter. Rör ner tomat, basilikablad, salt och peppar. Mosa tomaterna med en träslev. Sänk värmen, lägg på lock och sjud sakta i ungefär 20 minuter. Använd genast eller låt svalna och förvara i lufttät glasburk i kylskåpet (håller i ungefär 1 vecka).

GHEE (KLARAT SMÖR)
Ger 1 burk

500 g osaltat smör

Du behöver också:
1 bit ostduk/muslinduk eller en sil
1 lufttät, värmetålig glasburk

Värm smöret i en tjockbottnad kastrull på medelstark värme tills det har smält. Lägg inte på locket på kastrullen. Sänk värmen så mycket som möjligt och låt sjuda sakta tills det bildas ett skum ovanpå det smälta smöret. Smöret sprätter mycket, vilket betyder att smöret kokar, och 3 lager kommer att bildas: ett vitt övre lager, ett flytande gult lager och en bottensats som består av mjölkprotein. Det tar 15–20 minuter. Rör om med en träslev då och då så att mjölkproteinet inte fastnar i botten. När smöret är klart kommer det att dofta som nybakade croissanter och ha en klar gyllengul färg med lite vitt skum ovanpå. Ta genast av kastrullen från plattan, annars blir smöret bränt. Lägg några lager ostduk eller en sil över glasburken och häll försiktigt i det heta smöret. Låt svalna och stelna innan det lufttäta locket stängs. Förvara i kylskåpet i upp till 1 år, eller i 3 månader i rumstemperatur.

Tips: Man kan smak- eller färgsätta sin ghee med alla möjliga örter och kryddor. Tillsätt dem när smöret har smält och låt dra tills smöret silas. Prova med vitlök, ingefära, kardemumma eller spiskummin.

SUPERENKEL YOGHURT
2 portioner

1 ¼ dl naturell yoghurt med aktiv bakteriekultur (eller från en tidigare sats hemlagad yoghurt)
1 liter gammaldags mjölk (ohomogeniserad)

Du behöver också:
1 termometer för vätska

Värm försiktigt mjölken till 82°, låt den sedan svalna till 43°. Rör ner yoghurten och häll allt i en stor glasburk. Täck burken med en kökshandduk eller en tallrik och ställ varmt över natten, ungefär 65°, i till exempel en uppvärmd (men avstängd) ugn, ett torkskåp eller invirad i handdukar. På morgonen kommer yoghurten att ha vuxit och tjocknat. Häll upp i glasburkar och ställ in i kylskåpet. Servera yoghurten när den har kallnat. Håller i 3–5 dagar i kylskåpet.

Tips: Använd vilken yoghurt och mjölk du vill: fårmjölk, komjölk, getmjölk, sojamjölk, mandelmjölk och så vidare.
Tips: Om man vill ha tjockare yoghurt kan man sila den.
Tips: Man kan smaksätta yoghurten med vad man vill – kryddor, örter eller frukt – när yoghurten har vuxit och tjocknat.

HEMLAGAD NÖT- ELLER HAVREGRYNSMJÖLK
Ger 7 ½ dl

150 g (2 ½ dl) naturella nötter (mandel, hasselnötter eller cashewnötter osv.) eller 125 g (2 ½ dl) hel havre
7 ½ dl vatten
en nypa havssalt
1 tsk valfri krydda (kardemummakärnor, vaniljstång, kanelstång, kryddnejlikor osv.)

Du behöver också:
1 bit ostduk/muslinduk till en finmaskig sil
1 stor glasbehållare

Börja med att blötlägga nötterna eller havren. Lägg dem i en bunke eller burk, täck med dubbelt så mycket vatten och blötlägg i 6–8 timmar eller över natten.
Skölj noga och lägg i en mixer med 7 ½ dl vatten och en nypa salt. Mixa på hög hastighet i ungefär en minut. Lägg ostduken eller silen över en kanna och häll i de mixade nötterna/grynen. Sila mjölken tills ingen vätska återstår i nöt-/grynmassan. Pressa ut de sista mjölkdropparna med händerna. Tillsätt kryddor om du vill och ställ in mjölken i kylskåpet i ungefär en timme. Drick mjölken, använd den i smoothies eller häll den över gröten. Mjölken håller i ungefär 3 dagar i lufttät behållare i kylskåpet.
Följ anvisningarna för mjölk för att göra nötgrädde, men halvera vattenmängden.

HEMLAGAT NÖT- OCH FRÖSMÖR
Ger cirka 300 g

300 g (5 dl) valfria naturella nötter eller frön
1 tsk havssalt
1 tsk valfria malda kryddor (kan uteslutas)

Värm ugnen till 140°. Bred ut nötterna på en plåt och rosta dem i ugnen i 20 minuter, eller tills de är gyllenbruna. Ta ut ur ugnen och låt svalna en aning. Om nötterna har skinn kan man hälla ut dem i en ren kökshandduk och försiktigt gnugga bort det.
Lägg nötter, salt och kryddor (om de används) i en höghastighetsmixer eller matberedare och mixa i 3–5 minuter. Maskinens kapacitet avgör hur lång tid det tar. Stoppa då och då och skrapa av sidorna. Fortsätt mixa tills du har fått en len och krämig puré. Skrapa ner nötsmöret i en lufttät behållare och ställ in i kylskåpet. Håller i ungefär en månad.

Tips: Man kan göra raw food-nötsmör genom att hoppa över rostningen, men då behövs det en höghastighetsmixer. Det tar lite längre tid för nötterna att frigöra sina oljor och bli ett lent smör. Tillsätt valfri sötning, kryddor, örter eller supermat i smöret. Smaksättaren ska tillsättas mot slutet av mixningen.
Tips: Gör smöret krämigare genom att tillsätta 1–2 matskedar neutral olja, till exempel kallpressad tistelolja, solrosolja eller druvkärneolja, under mixningen.

GRODDNING

Man kan använda färdiga groddburkar
  eller göra egna:
1 glasburk
1 ostduk/muslinduk eller ren nylonstrumpa
1 gummisnodd

Ingredienser:
1 del torkade bönor, linser eller frön
2–3 delar vatten

Blötläggningstider:
Gröna linser, röda linser, svarta linser: 8 timmar
Mungbönor, adzukibönor, kikärter, majs: 8–12 timmar
Bovete, amarant: 30 minuter
Sesam-, bockhornsklöver-, broccoli-, alfalfa-, pumpafrön: 8 timmar
Vete, dinkel, råg, havre, korn, kamut, hirs, ris: 7–12 timmar
Gula ärter, gröna ärter: 8–12 timmar
Solrosfrön, quinoa: 2 timmar
Mandel, hasselnöt, valnöt, pekannöt, cashewnöt (Observera att dessa nötter inte får någon grodd utan blötläggs bara): 4–8 timmar
Paranöt, macadamianöt, pistaschnöt, pinjenöt, hampafrön: behöver bara blötläggas om det står i receptet.
Skölj fröna i en sil under kallt rinnande vatten, ta sedan bort defekta frön.
Lägg fröna i groddningsburken/-burkarna.
Tillsätt 2–3 gånger mer friskt vatten och täck burken med ett nätlock eller en silduk och gummisnodd.
Blötlägg (se blötläggningstider ovan).
Sila bort vätskan. Skölj fröna tills vattnet är klart och låt rinna av ordentligt. Ställ groddningsburkarna ljust (inte i direkt solljus) i rumstemperatur. Skölj fröna och låt dem rinna av några gånger per dag. Groddarna blir klara på 1–3 dagar eller när grodden är lika lång som fröet.
Förvara i burkar med lock i kylskåpet och använd inom 1–2 veckor.

KOKA BÖNOR

2 ½ dl torkade bönor
7 ½ dl vatten till blötläggning, plus vatten
  till kokning
½ gul lök
1 morot
2 lagerblad
½ tsk havssalt

Börja med att ta bort eventuella stenar och förtorkade, missfärgade bönor. Lägg torkade bönor och vatten i en bunke och blötlägg i 6–8 timmar (eller över natten). Häll av vattnet, skölj bönorna och lägg dem i en tjockbottnad kastrull med lock. Täck bönorna med 2 ½ cm vatten, tillsätt sedan lök, morot och lagerblad. Koka upp, sänk sedan värmen och sjud bönorna mjuka under lock. Det tar 45–90 minuter, beroende på bönsort. Tillsätt salt när bönorna precis har mjuknat. De är perfekta när man kan mosa dem mellan fingrarna eller med en gaffel. Häll av kokspadet. Kokta bönor som förvaras i lufttäta burkar i kylskåpet håller i 4–5 dagar.

RAW DADELSIRAP
Ger cirka 7 ½ dl

3 ½ dl vatten
175 g (2 ½ dl) medjooldadlar, urkärnade
1 msk citronsaft
en nypa havssalt

Häll 3 ½ dl vatten, dadlar, citronsaft och salt i en höghastighetsmixer eller matberedare. Använd mindre vatten om du använder en matberedare, tillsätt mer vatten vartefter. Mixa till en slät sirap. Använd sirapen i stället för honung, agave- eller lönnsirap. Kan förvaras i lufttät burk i kylskåpet i ett par veckor.

ÄPPELSIRAP
Ger cirka 2 ½ dl

1 kg äpplen
eller
7 ½ dl ofiltrerad äppelmust

Börja med att pressa äpplena till must i juicemaskin/råsaftcentrifug. Häll äppelmusten i en tjockbottnad kastrull och ställ den på hög värme. Koka upp, sänk till medelstark värme och sjud i 45–60 minuter. Rör om då och då.
Äppelmusten reduceras till ungefär en tredjedel av den ursprungliga volymen och bli som sirap. Låt svalna en aning innan sirapen hälls i lufttät flaska. Håller i upp till en månad i kylskåpet.

Tips: Man kan smaksätta sirapen genom att tillsätta kryddor under kokningen. Stjärnanis, kryddnejlika, kanel, vanilj, saffran, ingefära eller kardemumma smakar ljuvligt till den intensiva och söta äppelsmaken.

ÄPPELKETCHUP
Ger cirka 6 dl

2 msk olivolja
2 salladslökar, finhackade
1 kg mogna tomater i tärningar (ungefär 10 stora)
1 litet rött äpple i tärningar
3 msk äppelcidervinäger
4 msk russin
1 liten banan, skivad
1 msk tomatpuré
¼ tsk sött paprikapulver
1 tsk hela kryddnejlikor
1 kanelstång
3 lagerblad
havssalt
nymald svartpeppar

Hetta upp oljan och fräs löken mjuk på medellåg värme i en tjockbottnad kastrull, men låt den inte få färg. Tillsätt resterande ingredienser och koka upp, sänk värmen och sjud sakta i 40 minuter.
Ta upp kryddnejlikor, kanel och lagerblad. Smaka av och krydda mer om det behövs. Mixa ketchupen med stavmixer eller låt bitarna vara kvar om du vill. Skölj en glasburk i kokande vatten. Häll ketchupen i den varma burken och förslut genast. Förvaras i kylskåp i upp till 2 veckor.

På morgonen

Det som vi älskar mest med vår lägenhet är den höga takhöjden och de stora fönstren. De ger en känsla av rymd som är väldigt svår att hitta i en innerstadslägenhet. Den enda gången vi inte älskar våra fönster är på morgonen. Solen smyger sig in alldeles för tidigt på sommaren och som på en given signal känner jag Elsa sparka mig på revbenen: *"Mor, mor vakna, jag vill spise frukost!"* Vi är helt klart inga morgonmänniskor, men om det är någon som har gett oss bättre frukostvanor så är det vår dotter.

Elsa släpar upp oss ur sängen och in i köket direkt när hon har vaknat. Och sedan hon föddes har vi faktiskt börjat äta frukost tillsammans. Innan dess tog David en kopp kaffe på väg till jobbet och jag tog med mig en smoothie till gymmet. Nu sitter vi där runt frukostbordet och äter tillsammans och pratar. Två timmar för tidigt.

Eftersom vi numera har så gott om tid på morgonen har våra frukostar blivit mycket mer varierade. Vi kokar ofta gröt, men ibland äter vi fruktsallad och andra gånger en skiva ost på tunt knäckebröd. Vi gör fortfarande smoothies, men nuförtiden äter vi dem ur skålar och toppar dem med granola. Alla dessa frukostar finns med i det här kapitlet, tillsammans med många fler. Vissa av dem kan snos ihop på 5 minuter (tunna omelettrullar, sidan 54), medan andra tar 24 timmar (mörkt danskt rågbröd, sidan 58), så förhoppningsvis kommer du att hitta något som passar dina morgonvanor också.

– Luise

Ugnsbakad knaprig gröt med björnbär

400 g (7 ½ dl) färska björnbär (eller upptinade frysta bär)
175 g (5 dl) havregryn
1 tsk bakpulver
½ tsk mald ingefära eller 1 tsk riven färsk ingefära
en nypa havssalt
2 ägg
5 dl mandelmjölk (se sidan 27) eller valfri mjölk
1 tsk vaniljessens
½ dl äppelsirap (se sidan 30) eller flytande honung, lönn- eller agavesirap
1 msk kokosolja (rumstempererad), plus lite till smörjning av formen
80 g (1 ½ dl) pumpafrön
80 g (1 ¼ dl) hasselnötter

4–6 portioner

Det här är en typisk söndagsfrukost för oss. Vi turas om vem som får ligga kvar i sängen medan den andra kliver upp med Elsa för att koka gröten och ställa in den i ugnen. Sedan hoppar vi ner i sängen igen, Elsa tittar på tecknad film medan vi slumrar. En halvtimme senare har lägenheten fyllts av underbara dofter av vanilj och nötter, och då är vi redo att kliva upp. Smaken och konsistensen är faktiskt en kombination av ugnsbakad havregrynsgröt och smulpaj.

Värm ugnen till 190°. Smörj en ugnsform (20 x 25 cm) med kokosolja och bred ut bären i ett jämnt lager, ställ sedan undan formen så länge. Blanda havregryn, bakpulver, ingefära och salt i en bunke. Knäck äggen i en separat bunke, tillsätt mjölk och vanilj och vispa ordentligt. Knaprigt nötströssel: lägg äppelsirap, kokosolja, pumpafrön och hasselnötter i en liten skål och rör om med händerna så att allt täcks runtom.

Strö havregrynsblandningen över björnbären i ugnsformen, häll sedan äggblandningen över så att allt blir genomblött. Strö nöt- och fröblandningen över och grädda i ugnen i 35–40 minuter. Gröten är klar när den har stelnat och nötterna och fröna har fått lite färg och blivit knapriga. Låt svalna en aning före servering.

Tips: Vegansk gröt: blanda 2 matskedar chiafrön med en knapp deciliter vatten i en liten skål. Rör om med en sked och ställ in i kylskåpet i 15 minuter. Använd i stället för ägg.

Tips: Gör gröten glutenfri genom att använda glutenfria havregryn.

Fritata med örter & sparris

8 stora ägg, vispade
2 ½ dl sojamjölk eller valfri mjölk
4 msk grön pesto
½ tsk havssalt
2 msk olivolja, kokosolja eller ghee (se sidan 25)
2 salladslökar, finhackade
4 små potatisar (eller 1 liten sötpotatis), i tunna skivor
125 g (1 ¼ dl) vitkål, strimlad
3 färska sparrisstjälkar, hyvlade i tunna band

4 portioner

Om du kikar in i vårt köksfönster en vardagsmorgon är det rätt troligt att du skulle se oss steka en omelett eller frittata! Det ingår i vår repertoar under veckan. Våra frittator ser sällan likadana ut, vi använder de överblivna grönsaker som finns i kylskåpet. Den här varianten är bra när man har några sparrisstjälkar och lite pesto över. Hyvla band av sparrisen med en potatisskalare och lägg dem ovanpå frittatan när den är klar eller mot slutet av gräddningen.

Värm ugnen till 200°.
Vispa ägg, mjölk, hälften av peston och salt i en medelstor bunke. Ställ undan så länge.
Hetta upp oljan i en ugnsfast stekpanna (20 cm) på medelstark värme. Tillsätt salladslök, skivad potatis och vitkål. Rör om med en stekspade så att allt steks jämnt runtom. Efter ungefär 5 minuter, när grönsakerna har fått lite färg och blivit mjuka, är det dags att hälla upp dem på en tallrik och ställa undan så länge.
Tillsätt lite mer olja i stekpannan och häll sedan i äggblandningen. Låt stå i en minut, fördela sedan grönsakerna i ett jämnt lager ovanpå äggen. Grönsakerna kommer att sjunka ner i smeten, men de kommer inte att bli brända. Stek i en minut och lossa försiktigt kanten och bottnen med stekspaden. Ställ in stekpannan i ugnen och grädda i 2–3 minuter, eller tills frittatan är gyllenbrun på ytan och precis genomstekt i mitten. Ta ut ur ugnen, ringla resterande pesto över, toppa med sparrisband och servera.

GREEN KITCHEN STORIES

Stenfruktssallad med krämig getost

20 körsbär, urkärnade och delade, plus några till garnering
6 aprikoser, delade, urkärnade och skivade
2 platta persikor (paraguayos), delade, urkärnade och skivade
2 persikor, delade, urkärnade och skivade
4 små plommon, delade och urkärnade
1 näve röda eller vita vinbär
½ dl fläderblomslemonad (se sidan 203) eller osötad äppelmust
100 g krämig getost

4 portioner

Efter en resa till Barcelona för några år sedan kom vi hem med tre stora påsar med frukt, grönsaker och ost från marknaden La Boqueria. Vi betade av dem och hade till sist kvar en påse med stenfrukter och en stor bit getost. Så vi gjorde en sallad av allting. Det var en helt oplanerad kombination och det smakade galet gott tillsammans. Man kan äta salladen till frukost, men den passar även bra som dessert eller lunch om man tillsätter lite rucola och mer grönsaker.

Skär upp frukten och lägg den i en bunke. Ringla fläderblomslemonad över och rör om tills frukten har täckts runtom. Låt stå i 15 minuter så att frukten saftar ur. Lägg upp på ett fat och strö smulad getost över. Garnera med några hela körsbär eller färska fläderblommor, om det är säsong för dem.

Mjölfria pannkakor med banan & kokos

3 mogna bananer
6 ägg, lätt vispade
50 g (1 ¼ dl) kokosflingor, plus extra att strö över
150 g (2 ½ dl) blåbär (färska eller upptinade frysta bär)
½ tsk mald kanel
2 tsk kokosolja till stekning
2 msk lönnsirap eller naturell yoghurt att ringla över (kan uteslutas)

10 pannkakor

De här pannkakorna är inget mindre än en klassiker i vår familj. Vi lagar alltid en hög trave av dem när vi gör brunch. Vi har lagat dem i många år och delat med oss av receptet till de flesta av våra släktingar och vänner. Och vi har hört att de har fört receptet vidare till sina vänner. Pannkakorna har en härligt fruktig smak och går snabbt och lätt att laga. Dessutom lagas de med bara några få ingredienser och är helt mjölfria men ändå väldigt tjocka och fylliga. Pannkakorna passar också bra som snabbt mellanmål när som helst och är perfekta att äta efter träningen.

Mosa bananerna med en gaffel. Lägg moset i en medelstor bunke och vispa det med ägg och kokosflingor. Tillsätt blåbär (spara några till serveringen) och rör om ordentligt.

Hetta upp kokosoljan i en stekpanna med non stick-beläggning (25 cm) på medelstark värme. Tillsätt två till tre matskedar smet för varje pannkaka. Det bör få plats 3–4 pannkakor samtidigt i stekpannan. Vänd pannkakorna försiktigt med en stekspade när de har stelnat och fått färg på undersidan – ungefär 2 minuter på första sidan och 1 minut på den andra.

Stapla pannkakorna i en trave och lägg de sparade blåbären ovanpå. På helgerna brukar vi ringla lönnsirap eller yoghurt över och strö på lite mer kokosflingor.

Frukostskål

2 stora äpplen, pressade, eller 2 ¼ dl osötad äppelmust
saften från 1 citron
1 avokado, urkärnad och skalad
10 paranötter, blötlagda i kallt vatten i 2–6 timmar
en näve mungbönsgroddar (se sidan 28), eller köpta groddar
1 cm riven färsk ingefära
1 msk torkade nässlor
4 myntablad
några isbitar

2 portioner

Det här är en blandning som vi ibland gör som ett alternativ till yoghurt och toppar med frukt eller granola. Blandningen är faktiskt precis som en smoothie, men vi brukar servera den i skålar i stället för glas till frukost. Den är inte bara ljuvlig, utan också väldigt protein- och mineralrik tack vare nötterna och mungbönsgroddarna.

Pressa äpplena och citronen i en juicemaskin/råsaftcentrifug. Eller använd färdig äppelmust och pressa citronen för hand. Häll saften i en mixer och tillsätt resterande ingredienser. Mixa slätt på hög hastighet. Servera i skålar och toppa med nötter, frukt, groddar eller granola.

Tips: För att få extra energi kan man tillsätta vetegräs, spirulina, hampa, proteinpulver, bipollen, nyponpulver eller aloe vera.

Tunt knäckebröd

2 ½ dl ljummet vatten
2 tsk havssalt
3 tsk torrjäst
2 msk kumminfrön
1 ¼ dl filmjölk eller kefir
250 g (4 ½ dl) grovt rågmjöl
225 g (4 ½ dl) fullkornsdinkelmjöl
40 g (4 msk) linfrön, krossade (använd morteln eller köp krossade linfrön)
2 msk grovt havssalt

12 knäckebröd

Det är oerhört viktigt att kavla ut degen mycket tunt i det här receptet. Ju tunnare knäckebröd, desto frasigare blir det. Det smakar fantastiskt till en fin ost, tunna gurkskivor och lite nymald svartpeppar. Knäckebröd håller i flera månader när det förvaras i en lufttät burk, men vi brukar äta upp en sats inom en vecka!

Häll det ljumma vattnet i en medelstor bunke. Tillsätt salt, jäst och 1 matsked kumminfrön och rör om med en träslev. Rör ner filmjölken. Sikta ner råg- och dinkelmjöl i en annan bunke och tillsätt hälften av mjölet i jästblandningen. Tillsätt successivt mer mjöl tills degen har blivit tillräckligt fast för att knåda. Knåda i några minuter i bunken, tillsätt mer mjöl om degen fastnar på fingrarna. Dela upp degen i 12 små bullar, ungefär 5 cm i diameter, och lägg dem på mjölat bakbord. Täck med fuktad kökshandduk och låt jäsa i 1 timme.

Värm ugnen till 200°. Lägg en degklump på ett bakplåtspapper och kavla ut den till en mycket tunn rundel, cirka 20 cm i diameter. Skär ut ett litet hål i mitten av varje rundel så att knäckebrödet blir frasigt runtom. Strö lite kumminfrön, linfrön och havssalt över degen medan du kavlar ut den.

Nagga rundlarna med en gaffel, lägg dem sedan på en plåt. Beroende på ugnens storlek får det plats ett eller två knäckebröd på varje plåt. Grädda i ungefär 8 minuter, tills brödet är frasigt och brunt. Kavla ut resten av degen, men håll alltid ett öga på brödet i ugnen. Knäckebrödet är så tunt att det blir bränt på nolltid. Låt svalna på galler.

PÅ MORGONEN

Granola med blommor

BASINGREDIENSER
- 175 g (5 dl) havregryn
- 175 g (5 dl) råg- eller dinkelflingor
- 150 g (2 ½ dl) nötter (t.ex. mandel, hasselnötter eller valnötter), grovhackade
- 40 g (2 ½ dl) kokoschips
- 100 g (2 ½ dl) frön (t.ex. solros- och pumpafrön)
- 1 tsk malda kryddor (t.ex. kardemumma, muskot, kryddnejlika eller kanel)

VÄTSKOR TILL ROSTNINGEN
- 4 msk flytande sötning (t.ex. äppelsirap, honung, agave- eller lönnsirap)
- 4 msk smält kokosolja (eller vatten)

TORKAD SUPERMAT
- 80 g (1 ½ dl) blandade torkade nordiska superbär (tranbär, nypon, svarta vinbär, röda vinbär, havtorn eller fläderbär), osötade
- 4 msk ätliga torkade blommor (eller använd blomblandning för örtte)

Ger cirka 1 ½ liter

Granola är en slags ugnsrostad müsli som består av några få basingredienser, lite torkad frukt och naturlig sötning. Vi brukar tillsätta mer kryddor på vintern och färre på sommaren. Använd receptet som grund och tillsätt dina favoritfrukter, -frön och -kryddor. Vi gör ofta en sats granola och ger bort som julklapp eller inflyttningspresent. Lägg den bara i en fin gammal burk eller papperspåse med en hemmagjord etikett.

Värm ugnen till 180°. Klä en plåt med bakplåtspapper. Blanda alla basingredienser i en stor bunke. Häll de flytande ingredienserna över och rör om för hand tills allt har blandats ordentligt och de torra ingredienserna har täckts av sötning och olja. Bred ut granolablandningen på plåten och rosta i ugnen i 15–20 minuter. Rör om med en träslev några gånger under rostningen så att granolan inte bränns vid.

Ta ut plåten ur ugnen och låt svalna, tillsätt sedan torkad supermat. Krydda mer om det behövs. Förvara granolan i en burk med lock i rumstemperatur. Håller i minst en månad.

Tunna omelettrullar med äpple & keso

OMELETT
- 1 ägg
- 1 msk mandelmjölk (se sidan 27) eller valfri mjölk
- en nypa havssalt
- 1 tsk ghee (se sidan 25), kokosolja eller olivolja till stekning

FYLLNING
- ½ rött äpple, urkärnat och grovrivet
- 3 msk naturell keso
- en nypa mald kanel
- 1 msk pumpafrön
- några timjankvistar, bara bladen (kan uteslutas)

1 portion

Även om Elsa äter nästan allt vi ger henne har pannkakor alltid varit hennes favorit. När vi har tid lagar vi en stor sats Mjölfria pannkakor med banan & kokos (se sidan 45) åt oss alla, men när vi har bråttom lagar vi de här rullarna. Det är egentligen en tunn omelett, men Elsa kallar det för pannkaka. Fördelen är att man inte behöver göra en stor sats. Receptet är för en portion, men man kan förstås göra fler.

Vispa ägg, mjölk och salt hastigt med en gaffel i ett glas eller liten skål. Hetta upp ghee eller olja i en stekpanna med non stick-beläggning (20 cm) på medelhög värme. Häll i omelettsmeten och stek i 1 minut på första sidan och i 30–45 sekunder på den andra. Vänd omeletten med en stekspade.
Blanda fyllningen i en liten skål. Lägg omeletten på en tallrik, klicka ut fyllningen i mitten och rulla ihop. Dela rullen på mitten före servering. Passar även bra som frukost på språng, slå bara in rullen i smörgåspapper och ta med.

Bovetegröt med ingefära

200 g (2 ½ dl) skalat, helt bovete
6 dl vatten
50 g (½ dl) torkad frukt (katrinplommon, aprikoser, tranbär, päron eller det du har hemma, grovhackat om det är stora bitar)
1 msk riven färsk ingefära
2–3 kanelstänger
1 tsk kardemummafrön
½ tsk vaniljessens
en liten nypa havssalt
färska blåbär och physalis till servering

4 portioner

I Skandinavien har vi en lång gröttradition. I Köpenhamn finns det till och med ett kafé som bara serverar grød. Så det är nog inte förvånande att vi i vår familj älskar gröt. Davids mamma lärde oss det här receptet och det har blivit min absoluta favoritgröt. Den får en fantastisk konsistens tack vare hela bovetekorn – smulig men mjuk. Och så är den glutenfri. Vi strör rikligt med riven ingefära över gröten innan den serveras, men det är förstås valfritt. Toppa med säsongens färska frukter eller sylt av fikon, rabarber & päron (se sidan 160).
– Luise

Skölj bovetet i vatten, lägg det sedan i en medelstor kastrull tillsammans med 6 dl vatten och övriga ingredienser. Koka upp och sänk värmen. Sjud sakta i ungefär 20 minuter, rör om då och då.
Gröten är i stort sett klar när allt vatten har sugits upp, men fortsätt att röra om i några minuter till för att få smulig konsistens. Ta upp kanelstängerna och servera gröten i skålar tillsammans med färsk frukt, riven ingefära och havremjölk.

Tips: Skölj kanelstängerna i kallt vatten och återanvänd dem.

Mörkt danskt rågbröd

190 g (2 ½ dl) hel råg
60 g (1 ¼ dl) solrosfrön
5 dl kokande vatten
2 ½ dl naturell yoghurt, rumstempererad
3 msk flytande honung
1 msk havssalt
1 msk fänkålsfrön
125 g (2 ½ dl) torkade tranbär, som smaksättning (kan uteslutas)
5 msk carobpulver (eller kakao)
4 tsk torrjäst
400 g (7 dl) grovt rågmjöl
150 g (2 ½ dl) fullkornsdinkelmjöl
60 g (1 ¼ dl) ljust dinkelmjöl

1 limpa

Vi visste från början när vi började provlaga recept till den här boken att vi ville ha med danskt rågbröd. Liksom alla danska familjer har vi ofta en limpa mörkt bröd hemma. Vi har experimenterat med minst tio olika sätt att baka brödet snabbare, men då påverkas både kvaliteten och smaken. Att baka danskt rågbröd är, och kommer alltid att vara, ett 24-timmarsprojekt. Men det är det värt. Det är smakrikt, har en fantastisk kompakt men saftig konsistens och håller en mätt i flera timmar. Toppa en brödskiva med knaprig äggsallad med curry (se sidan 176), så får du ett klassiskt danskt smørrebrød.

Lägg hel råg och solrosfrön i en bunke och slå på det kokande vattnet. Låt svälla i 15 minuter, tillsätt sedan yoghurt, honung, havssalt, fänkålsfrön, tranbär och carobpulver och rör om med en träslev. Kontrollera smetens temperatur med fingret – den ska vara fingervarm. Rör ner jästen. Tillsätt sedan rågmjöl och rör till en slät smet. Täck skålen med plastfolie och låt vila i 1 timme i rumstemperatur, tills det börjar bubbla lite. Tillsätt successivt så mycket dinkelmjöl att en deg bildas. Stjälp upp degen på mjölat bakbord. Knåda i ungefär 5 minuter, tillsätt resten av dinkelmjölet så att degen blir fastare, men fortfarande är lite kladdig och ganska tung. Rulla degen till en boll och lägg tillbaka den i bunken. Stänk lite vatten på degen med fingrarna. Täck med plastfolie och kyl i 8–10 timmar, eller över natten.

Lägg degen i en oljad brödform (1 liter) och tryck ner med knogarna för att få bort eventuell luft. Degen bör vara ganska kladdig. Pensla ytan med vatten och strö rågmjöl över. Täck med bakduk och låt jäsa i 2 timmar.

Värm ugnen till 200°. Grädda limpan på nedersta falsen i 1 timme. Stäng av ugnen och låt limpan stå kvar i ugnen i ytterligare 15 minuter. Stjälp upp brödet ur formen och låt svalna på galler i minst 4 timmar. Det är viktigt att låta brödet vila eftersom det då blir lättare att skära. Håller i ungefär en vecka.

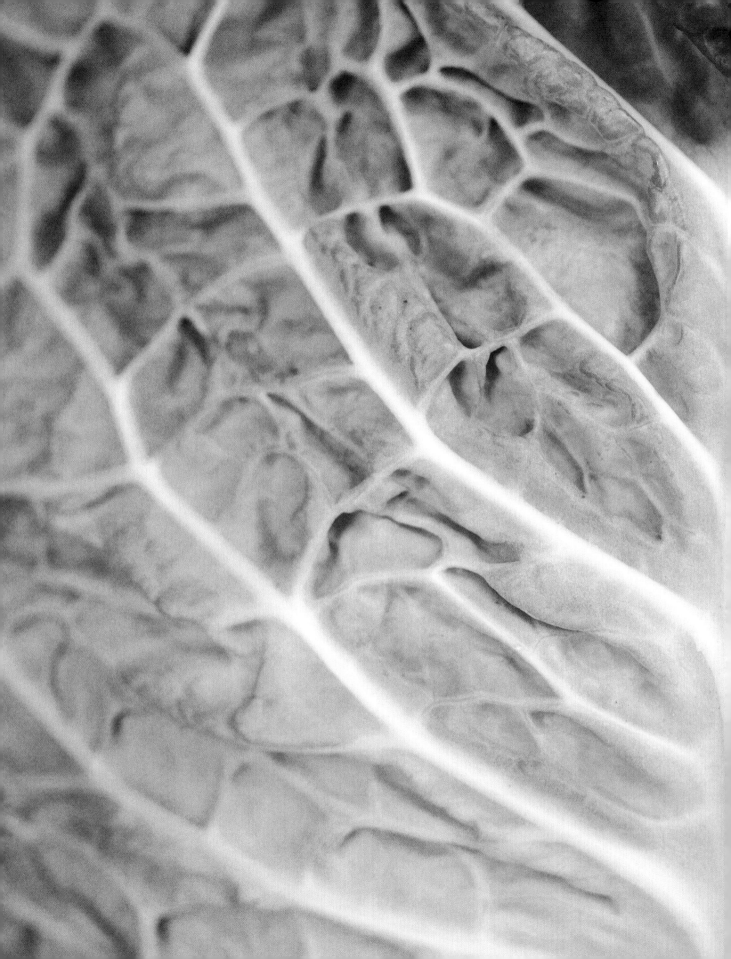

Lättare rätter

Varje fredag får vi en leverans av säsongens närodlade grönsaker och frukt till vår dörr. Även om vi aldrig vet exakt vad som väntar oss i lådan kan vi förvänta oss färsk sparris i april, krusbär i juli och tomater i augusti. Det är ett lätt sätt att laga mat efter säsong trots att vi bor i en lägenhet i stan, långt från sädesfält, fruktträd och traktorer. De små blanka äpplena som har blommorna och halva grenen kvar går antagligen åt på en gång. Men förutom dem brukar vi spara det mesta av lådans innehåll till efter helgen eftersom det är på vardagarna som vi använder det mesta av det.

Vi föredrar att äta lättare rätter på vardagarna och om de är snabblagade gillar vi dem ännu mer. Ett av de enklaste och bästa sätten att använda smakrika, knapriga grönsaker och frukter från lådan är att tillsätta dem i en sallad tillsammans med en näve rostade frön, linsgroddar och kanske en skiva getost. Det är perfekt för oss. Det kan vara vår tisdagslunch och vår torsdagsmiddag (men då tillsätter vi nog lite dijon- och citronmarinerad quinoa). Enkel mat som låter råvarorna tala – det är sådan mat du finner i det här kapitlet. Sallader, några soppor, en fräsch nässelpesto, en pizzabotten gjord på blomkål och vår egen version av tacos (invirade i savojkål).

Ugnsbakad falafel med örter & pistasch

FALAFEL
- 8 myntakvistar, bara bladen
- 8 persiljekvistar, bara bladen
- 240 g (5 dl) pistaschnötter, skalade
- 400 g (5 dl) kikärter, kokta eller konserverade
- 2 vitlöksklyftor
- ½ liten gul lök
- 3 msk kallpressad olivolja
- 1 tsk mald spiskummin
- 1 msk bovetemjöl (eller annat glutenfritt mjöl)
- 1 tsk bakpulver

CASHEWNÖTSDRESSING
- 6 msk cashewnötssmör (eller annat nötsmör, se sidan 27)
- 6 msk rapsolja
- 3 msk citronsaft
- en nypa salt

TOMATSALSA MED CHILI
- 3 tomater i tärningar
- ½ röd chilifrukt, urkärnad och finhackad
- 1 vitlöksklyfta, finhackad
- 3 msk olivolja
- 2 tsk hackad oregano
- salt och nymald svartpeppar

Ger cirka 24 falafel

Vi älskar falafel, men vi förstår inte varför det alltid ska vara flottig, friterad snabbmat. Även om snabbmat kan vara gott ibland, så föredrar vi att äta lättare måltider. Så vi bestämde oss för att göra vår egen version och ändra några viktiga detaljer. För det första proppar vi dem fulla med färska kryddor och pistaschnötter, vilket ger underbar färg, smak och konsistens. Vi har aldrig gillat friterad mat, därför ugnsbakar vi våra falafel. Slutligen virar vi in dem i tunna, knapriga vitkålsblad i stället för pitabröd. Prova det här receptet, vi lovar att du aldrig har smakat en falafel som får dig att må så bra efteråt.

TILL SERVERING
- 1 vitkålshuvud
- 2 ½ dl raita (se sidan 89)
- 1 näve druvor, delade
- 50 g solrosfrön, rostade
- färska örter

FALAFEL
Värm ugnen till 190°.
Mixa örterna i matberedare i ungefär 30 sekunder. Tillsätt pistaschnötter och mixa stötvis tills allt har blandats. Lägg de övriga falafelingredienserna i matberedaren och mixa i ungefär en minut. Stoppa ibland och skrapa av sidorna om det behövs. Försök att få falafelsmeten lite grov.
Stjälp upp smeten och rulla 24 små runda falafel.
Lägg dem på en bakplåtspappersklädd plåt och ugnsbaka i ungefär 15 minuter. Vänd dem var 5:e minut så att de får jämn färg runtom.

CASHEWNÖTSDRESSING
Vispa alla ingredienser i en liten skål tills allt har blandats.

TOMATSALSA MED CHILI
Lägg allt i en serveringsskål och rör om. Smaka av och krydda mer om det behövs. Kyl i minst 30 minuter så att smakerna får blomma ut.

MONTERING
Vänd vitkålshuvudet uppochner och skär ut stocken med en vass kniv. Skölj huvudet under rinnande vatten och lossa försiktigt de yttre bladen ett i taget. Klappa dem torra med hushållspapper. Lägg alla tillbehör i små skålar och ställ fram dem på bordet så att alla kan sätta ihop sin egen falafelrulle.

Tom kha tofu

- 4 kaffirlimeblad
- 2 msk kallpressad olivolja (i Thailand blandar de lite sweet chili-pasta i oljan för att färga den röd)
- 1 färsk röd chilifrukt, urkärnad och finhackad
- 16 korianderblad
- 8 körsbärstomater, delade
- 4 citrongrässtjälkar
- 10 cm galangarot (eller färsk ingefära), skalad och grovhackad
- 1 liter kokosmjölk
- 2 nävar ostronskivling (eller skogschampinjoner), delade
- 150 g vitkål, skivad
- 350 g fast tofu, skuren i klyftor
- saften från 2 limefrukter
- en nypa havssalt
- några korianderblad, till servering

4 portioner

När Elsa var 6 månader reste vi jorden runt tillsammans. Vi tillbringade 2 månader i Thailand och tom kha tofu blev en av våra favoriträtter. Det är i stort sett en mild kokosmjölksoppa med limesmak, fullproppad med svamp, tofu, vitkål och tomat. Vi lärde känna kocken på en charmig liten restaurang och som tur var delade hon gärna med sig av receptet till oss. Kha-roten, som även kallas galangarot eller blå ingefära, hör till rätten och finns att köpa i asiatiska eller välsorterade livsmedelsaffärer. Det går bra att använda färsk ingefära i stället.

Ta bort den tjocka bladnerven på kaffirlimebladen, rulla ihop dem och hacka dem mycket fint.

Fördela olja, chili, koriander och tomater i 4 soppskålar och ställ undan så länge.

Krossa citrongräs och galangarot med skaftet på en kniv och lägg i en stor kastrull tillsammans med kokosmjölken. Koka upp, sänk sedan värmen och tillsätt hackade limeblad, svamp, vitkål, tofu, limesaft och salt. Sjud sakta på låg värme i 3–4 minuter. Smaka av och salta mer om det behövs.

Häll soppan över tomaterna och kryddorna i soppskålarna, garnera med färsk koriander och servera.

Broccolisallad med granatäpple & russin

2 färska broccolihuvuden
1 liten rödlök, finhackad
kärnorna från 1 granatäpple
150 g (2 ½ dl) russin
75 g (1 ¼ dl) solrosfrön, rostade
2 ½ dl naturell yoghurt
½ tsk havssalt
nymald svartpeppar

4 portioner

Det här är en underbar snabblagad sallad med fin knaprig konsistens och fräscha smaker. Söta russin och färskt granatäpple möter rå broccoli som täckts av yoghurtdressing – det är en riktig smakupplevelse. Salladen passar bra som tillbehör eller lätt lunch med en skiva rostat rågbröd.

Lossa broccolibuketterna från stjälken och skär dem i mindre munsbitar. Dela stjälken på längden och skiva den tunt.
Lägg broccolin i en serveringsskål tillsammans med rödlök, granatäppelkärnor, russin och solrosfrön. Rör om så att allt blandas. Tillsätt yoghurt och salta och peppra efter eget tycke och smak. Rör om salladen med händerna så att alla broccolibuketter täcks av yoghurten. Servera.

Tips: Vanligtvis görs den här salladen med majonnäs. Vår version är lättare, men man kan använda majonnäs i stället, eller matlagningsgrädde.
Tips: Gör salladen vegansk genom att använda sojayoghurt.

GREEN KITCHEN STORIES

Quinoabiffar med blomkål & ramslök

200 g (2 ½ dl) vit quinoa
200 g (4 ½ dl) blomkålsbuketter
1 stor näve ramslök, grovhackad
4 ägg
200 g fetaost, smulad
80 g (2 dl) havregryn
havssalt och nymald svartpeppar
2 msk ghee (se sidan 25), kokosolja eller olivolja till stekning

Ger 12 biffar

Vi tar ofta de rester vi har hemma, blandar dem med lite get- eller fårost och steker dem till små biffar som vi äter med en sallad eller coleslaw. Ofta använder vi quinoa, men ibland också hirs, bovete eller havre. På våren brukar vi få knippor med färsk ramslök av Davids mamma och det är vårt favoritsätt att smaksätta biffarna. Om du inte hittar ramslök kan du använda färsk spenat och 2 pressade vitlöksklyftor i stället.
– Luise

Koka quinoan – häll 5 dl vatten, quinoa och salt i en medelstor kastrull. Koka upp, sänk värmen och sjud sakta i ungefär 15 minuter, eller tills du ser små groddar på quinoafröna. Häll av vattnet och låt quinoan svalna. Lägg blomkålsbuketterna i en matberedare och mixa dem stötvis till risliknande konsistens. Stjälp upp i en bunke tillsammans med quinoan och övriga ingredienser. Rör om med en slev så att allt blandas. Ställ in i kylen och låt vila i 30 minuter.

Ta fram smeten ur kylen och forma 12 biffar för hand. Hetta upp ghee eller olja i en stor stekpanna på medelhög värme. Lägg 4 biffar åt gången i pannan och stek dem i 3–4 minuter, eller tills de är gyllenbruna. Vänd dem försiktigt och stek dem på andra sidan i ytterligare 2–3 minuter. Stek resten av biffarna på samma sätt. Låt rinna av på hushållspapper. Servera biffarna varma eller kalla – det är lika gott.

Tips: Gör biffarna glutenfria genom att använda glutenfritt havregryn.

Pesto av nässla

150–200 g (5 dl, löst packade) späda nässelblad, repade
1 stor näve basilikablad, repade
1–2 vitlöksklyftor, efter tycke och smak
saften från ½ citron
¾ dl olivolja
40 g (4 msk) pinjenötter, lätt rostade
30 g (4 msk) riven pecorino

TILL SERVERING
fullkornsspaghetti

Ger cirka 125 g

Trots att vi – av ren enfald – provade det här receptet med nässlor som växer i parken runt hörnet från vår lägenhet skulle vi inte rekommendera någon att använda nässlorna i en stad. Efteråt fick vi reda på att de stickiga små växterna faktiskt lever på kväve och suger upp all smuts som flödar runt i staden. Men om man är ute på landet på våren kan man plocka de yttersta bladen på späda nässlor. De är fullproppade med järn och utöver att göra den här peston av dem kan man använda dem i soppor eller tillsätta dem i quinoabiffar med blomkål & ramslök på sidan 71. När nässlorna mosas eller mixas bränns de inte längre, men använd alltid handskar när du plockar dem. Vi älskar den här peston till fullkornspasta, men den är också god att breda på bröd eller använda som dipsås till råa grönsaker.

Häll hälften av olivoljan och övriga ingredienser i en mortel, mixer eller matberedare. Stöt eller mixa medan resterande olja tillsätts successivt tills allt har blandats och peston är blank. Smaka av och tillsätt mer olja, citron, salt eller peppar om det behövs.
Koka upp vatten i en stor kastrull. Koka spaghettin enligt förpackningsanvisningarna. Låt pastan rinna av i ett durkslag, häll tillbaka den i kastrullen, tillsätt peston och rör om tills den har täckts runtom. Servera medan det är riktigt varmt.

Sallad med vildris, jordärt-skockor & druvor

10 jordärtskockor
2 msk kallpressad olivolja
salt och nymald svartpeppar
2 timjankvistar
7 ½ dl vatten
200 g (2 ½ dl) vildris, sköljt
20 röda druvor, delade och urkärnade
150 g (5 dl) rödkål, strimlad
en näve vattenkrasse (eller annan sallat)

DRESSING

½ dl kallpressad olivolja
saft och rivet skal från 1 liten ekologisk apelsin
2 timjankvistar
salt och nymald svartpeppar

4 portioner

Det här är en av de vackraste salladerna vi vet. Den är ganska enkel, men den kan med lätthet serveras vid en fin middagsbjudning då man skulle kunna grodda riset i stället för att koka det (då blir salladen ännu vackrare och nyttigare). I den här salladen kombineras vildrisets mustiga smak med sötman från rostade jordärtskockor och färska druvor.

Värm ugnen till 200°.
Skrubba jordärtskockorna och skär dem i centimetertjocka skivor. Lägg skivorna på en plåt, ringla genast olivolja över och strö havssalt och färsk timjan ovanpå. Ugnsrosta i ungefär 45 minuter eller tills de är mjuka i mitten och gyllenbruna och lite knapriga i kanten.
Koka under tiden riset. Koka upp 7 ½ dl vatten, tillsätt vildriset och en tesked salt. Sänk värmen och sjud sakta under lock i 40 minuter eller tills riskornen öppnar sig. Häll av vattnet.
Vispa ihop ingredienserna till dressingen i en skål och ställ undan så länge. Lägg skockor och ris i en stor bunke. Tillsätt druvor, rödkål och dressing och blanda allt försiktigt med händerna, så att allt täcks av dressingen.
Garnera med några kvistar vattenkrasse och servera salladen varm eller kall.

LÄTTARE RÄTTER

Soppa med rostade tomater & kikärter

1 kg mogna tomater, delade
450 g (6 dl) kokta kikärter
4 oreganokvistar, bara bladen
1 tsk paprikapulver
6 vitlöksklyftor, mosade med knivbladet
2 msk kallpressad olivolja
havssalt
naturell yoghurt och några oreganoblad
  till garnering

2–4 portioner

Vi brukar förvara vackra tomater på köksbänken, men glömmer oftast att använda dem. De ligger tålmodigt kvar där. Man nästan ser hur de börjar skutta av glädje varje gång våra händer närmar sig dem. Flera dagar går och de mognar mer och mer tills de en vacker dag nästan är för mogna för att använda. Det är då vi rostar och mixar dem till den här soppan, som har en underbar rostad, mild smak och krämig konsistens tack vare kikärterna. Man kan förstås använda färskare tomater i stället, men väldigt mogna tomater har en mer intensiv och söt smak.

Värm ugnen till 200°.
Lägg tomathalvor, kikärter, oregano, paprikapulver och vitlök på en plåt. Ringla olivolja över, ställ in plåten i ugnen och rosta i ungefär en timme, eller tills tomaterna har fått svarta fläckar och bubblar. Ta ut plåten ur ugnen och skrapa ner allt (spara några kikärter till garnering) i en mixer eller matberedare och mixa slätt.
Tillsätt lite vatten om det behövs. Servera i skålar eller glas med en klick yoghurt, färska oreganoblad och några rostade kikärter på toppen.
Servera gärna soppan med en skiva surdegsbröd.

Savojtacos med fyllning av majs & mango

MAJS- OCH MANGOFYLLNING
2 majskolvar
450 g (6 dl) kokta svarta bönor, avrunna (se tips)
1 liten salladslök, finhackad
1 mango, skalad och skivad
30 g (1 ¼ dl) kokoschips
rivet skal och saft från 1 limefrukt
1 msk kallpressad olivolja
1 nypa vardera av kajennpeppar, paprikapulver och torkad oregano
havssalt

RAW FOOD-GRÄDDFILSSÅS
150 g (2 ½ dl) naturella cashewnötter, blötlagda i kallt vatten i minst 1 timme
1 msk äppelcidervinäger
saften från ½ citron
en nypa havssalt

TILL SERVERING
1 savojkålshuvud eller grönkål
2 mogna avokador, urkärnade, skalade och skivade
1 stor näve korianderblad, hackade

4 portioner

Om vi var tvungna att välja ut en rätt som definierar vår matlagningsstil skulle nog den här versionen av tacos vara ett bra förslag. Här blandas grönsaker med frukt och bönor och viras in i blad i stället för bröd. Dessutom är de uppseendeväckande vackra. Sa vi att de också är rena rama smakexplosionen?

TACOFYLLNING
Skär av majskornen från majskolvarna med en vass kniv och lägg dem i en bunke. Tillsätt bönor, salladslök, mango, kokoschips, limeskal och limesaft, olivolja och kryddor. Rör om försiktigt med händerna så att allt täcks. Ställ undan så länge.

RAW FOOD-GRÄDDFILSSÅS
Lägg alla ingredienser i en mixer och mixa helt slätt. Tillsätt vatten om du vill ha lösare sås. Häll upp såsen i en skål och kyl den medan kålen skärs upp.

MONTERING
Vänd savojkålshuvudet uppochner och skär ut stocken med en vass kniv. Skölj huvudet under rinnande vatten och lossa försiktigt de yttre bladen ett i taget. Klappa dem torra med hushållspapper. Skär bort bladnerven i mitten av bladen och dela dem på hälften.
Lägg bladen på arbetsbänken och lägg en sked fyllning, en klick sås och några avokadoskivor på varje blad. Toppa med korianderblad och rulla ihop kålbladet och fäst med en tandpetare. Eller ställ fram allt på bordet så att alla kan ta maten själva.

Tips: Gör rätten helt raw genom att använda groddade belugalinser i stället för kokta svarta bönor i fyllningen.

Citrondoftande sallad med fänkål & linser

4 portioner

MARINAD
saften från 1 stor citron
2 msk flytande honung
havssalt
nymald svartpeppar

SALLAD
1 fänkålsstånd och blasten (ser ut som dill), i flortunna skivor
4 stora nävar krispiga salladsblad
1 gurka, skalad, urkärnad och skivad
200 g (2 ½ dl) gröna linser, groddade (se sidan 28) eller kokta
200 g krämig getost i aska, skuren i 1 cm tjocka skivor

Jag tror att David och jag serverades för mycket sallad när vi var små. Under väldigt lång tid kände vi sällan för att laga något med den, även om vi hade ett helt salladshuvud i kylskåpet. För det mesta hamnade det i komposten. Nu vet jag vilket slöseri det var. Färsk, krispig sallad har både karaktär och fin textur, den behöver bara trevligt sällskap. Den här salladen har hjälpt oss att uppskatta sallad igen. Krispiga salladsblad toppas med tunna skivor citronmarinerad fänkål, proteinrika gröna linser, närodlad gurka och tjocka skivor getost i aska. Ät salladen som den är eller servera den som tillbehör till grillat.
– Luise

Vispa ihop ingredienserna till marinaden i en liten skål. Lägg fänkålsskivorna på ett fat och häll marinaden över. Rör om med händerna så att alla skivor täcks av marinaden. Låt stå i 10 minuter. Lägg salladsbladen i en stor skål, tillsätt gurka och linser, tillsätt sedan den marinerade fänkålen tillsammans med marinaden och blanda allt. Lägg getostskivor här och där och servera.

Pizza med botten av blomkål

buketter från 1 blomkålshuvud
85 g (2 dl) mald mandel
1 msk torkad oregano
havssalt och nymald svartpeppar
3 ägg, vispade

1 pizza

Det här är ett recept på en nyttigare pizzabotten. Blomkål i stället för mjöl – visst är det galet?! Den är faktiskt jättegod och snabblagad. Det behövs ingen jäst, det är bara att mixa och grädda. På sidorna 148–149 hittar du flera olika förslag på fyllningar, eller använd dina egna favoriter.

Värm ugnen till 200° och klä en plåt med bakplåtspapper. Hacka blomkålsbuketterna grovt, lägg dem i en matberedare och mixa till fin, risliknande konsistens. Mät upp 6 dl blomkålsris och häll det i en bunke. Tillsätt mald mandel, oregano och kryddor och rör om med händerna. Gör en grop i mitten och tillsätt äggen. Dra de torra ingredienserna mot mitten med händerna tills allt har blandats och degen kan formas till en boll. Degen ska vara lösare och kladdigare än vanlig pizzadeg.

Lägg degen på bakplåtspapperet och forma en pizzabotten genom att platta till degen med händerna. Gör kanterna lite högre. Grädda i 25–30 minuter, eller tills den är gyllenbrun.

Förbered under tiden önskad fyllning till pizzan. Ta ut pizzabottnen ur ugnen, lägg på fyllningarna och ställ in i ugnen igen i ytterligare 5–10 minuter.

Tips: För vegansk pizzabotten kan man byta ut äggen mot den här blandningen med chiafrön: Häll 30 g chiafrön och 1 ¾ dl vatten i en skål. Rör om ordentligt och ställ in i kylskåpet i 15 minuter före användning.

LÄTTARE RÄTTER

Indiska crêpes av kikärter med raita & bladgrönsaker

12 crêpes

RAITA
- 2 ¼ dl naturell yoghurt
- 1 gurka, skalad, urkärnad och riven
- 4 stora myntakvistar, bladen repade och mycket fint hackade
- 2 ½ cm grön chilifrukt, urkärnad och mycket fint hackad
- 1 vitlöksklyfta, krossad
- 1 tsk spiskumminfrön

KIKÄRTSCRÊPES
- 250 g (5 dl) kikärtsmjöl
- ½ tsk mald gurkmeja
- ½ tsk kajennpeppar
- ½ tsk mald ingefära
- ½ tsk currypulver
- ½ tsk mald koriander
- ½ tsk kalonjifrön
- 1 tsk havssalt
- 6 dl kolsyrat vatten
- ghee (se sidan 25) eller kokosolja till stekning
- 200 g bladgrönsaker till servering

Mjuka i mitten och frasiga i kanten, det här är perfekta crêpes – och de görs helt utan ägg eller mjölk. Den hemliga ingrediensen är kolsyrat vatten och proteinrikt kikärtsmjöl, som även kallas besanmjöl och finns i asiatiska livsmedelsaffärer eller hälsokostaffärer. Vi har kryddat våra crêpes med en massa indiska smaker.

Börja med raitan. Lägg alla ingredienser i en medelstor skål, rör om och kyl i 30 minuter före servering.

Sikta ner kikärtsmjöl, kryddor och salt i en stor bunke. Vispa ner det kolsyrade vattnet och ställ in smeten i kylskåpet i 30 minuter.

När det är dags att steka pannkakorna – hetta upp oljan i en stor stekpanna med non stick-beläggning på medelstark värme. Häll cirka ¾ dl smet i pannan och vicka på den ordentligt så att smeten breds ut i ett tunt lager i hela pannan. Vänta tills pannkakan är riktigt gyllenbrun på undersidan, vänd den sedan och stek andra sidan tills den är gyllenbrun och genomstekt. Stek alla pannkakor likadant tills smeten tar slut. Servera dina crêpes varma med bladgrönsaker och raita. Dessa crêpes passar även utmärkt till en gryta, till exempel gryta med rabarber, äpple & pumpa på se sidan 116.

Tips: Veganskt alternativ: använd sojayoghurt.

LÄTTARE RÄTTER

Mat på väg

När solen skiner packar vi ofta ner lite rester och en filt i en korg och går ut till en park i närheten av där vi bor. Stockholm är trevligt på det sättet. Det finns parker, vatten och grönområden i alla stadsdelar. Så trots att vi inte har någon uteplats, balkong eller trädgård äter vi ändå ute ganska ofta under sommarmånaderna.

Vi har även mer planerade picknickar. Elsa blir alldeles studsig av glädje när vi tar bussen till en bondgård i närheten av staden. Vi brukar ta med oss några wraps eller muffins att äta och hon matar hästarna med äpple. Och ibland tar vi Djurgårdsfärjan till Rosendals Trädgård, en härlig trädgård där man kan äta sin picknick under blommande äppelträd på våren. När Elsa var tre månader hade vi en picknick där så att alla våra släktingar och vänner kunde komma och träffa henne. Alla tog med sig mat som vi åt tillsammans under en stor ek.

I det här kapitlet har vi sammanställt rätter som överlever några timmar i en picknickkorg utan att se trista ut. Till exempel vårt grönsaksfyllda picknickbröd, en läcker kall potatissallad och små fänkål- och kokostarteletter. Alla dessa rätter passar även bra att ta med till sammankomster under vinterhalvåret.

Matiga majsmuffins med hirs

130 g (1 ¼ dl) rå hirs
125 g (2 ½ dl) majsmjöl
125 g (2 ½ dl) rismjöl
2 tsk bakpulver
1 tsk bikarbonat
1 tsk havssalt
3 ägg, vispade
2 ½ dl sojayoghurt, eller valfri yoghurt
1 ¼ dl kallpressad olivolja

cirka 25 kalamataoliver, urkärnade och delade
200 g smulad fetaost
3 oreganokvistar, bara bladen

12 medelstora muffins

Att baka glutenfritt bröd kan vara svårt eftersom det ofta krävs särskilda ingredienser och många olika mjölsorter. Glutenfria muffins är dock mycket enklare. Vi brukar baka en vegansk variant av dessa muffins som Elsa tar med som mellanmål på dagis. Vi har fyllt dem med oliver och fetaost, men testa gärna lite andra fyllningar också.

Värm ugnen till 200°. Lägg muffinsformar i ett muffinsbleck. Häll 1 ¼ dl kokande vatten på hirsen och låt stå i 5 minuter, skölj den sedan i kallt vatten. Detta görs för att få bort den beska smaken i hirsens skal och göra det mjukare. Blanda hirsen med majsmjöl, rismjöl, bakpulver, bikarbonat och salt. Vispa äggen pösiga i en annan bunke. Tillsätt yoghurt och olivolja och rör om. Tillsätt de torra ingredienserna och rör med en träslev tills allt har blandats. Tillsätt oliver, fetaost och oregano och rör om ordentligt.

Klicka ut ungefär två rågade matskedar i varje muffinsform. Grädda i 20 minuter, vrid på muffinsblecket efter halva tiden så att muffinsen blir jämnt gräddade – de är klara när de är gyllenbruna och har fått en skorpa på ytan. Serveras helst varma.

Tips: Veganskt alternativ: uteslut fetaosten och byt ut äggen mot chiafrön. Lägg 3 matskedar chiafrön i en skål och tillsätt 1 dl vatten. Rör om ordentligt och ställ in i kylskåpet i 15 minuter före användning.

Tarteletter med fänkål & kokos

PAJDEG
- 65 g (1 ¼ dl) rismjöl
- 45 g (½ dl) mandelmjöl (eller kastanjemjöl)
- 2 msk potatismjöl, tapiokamjöl eller majsstärkelse
- ½ tsk havssalt
- 3 msk kokosolja eller ghee (se sidan 25)
- 3 msk iskallt vatten

FÄNKÅLSFYLLNING
- 1 ¼ dl kokosmjölk
- 2 ägg, vispade
- ½ tsk riven muskot
- 2 rosmarinkvistar, bladen repade och hackade
- havssalt och nymald svartpeppar
- 1 fänkålsstånd, mycket tunt skivat

Ger 1 stor paj (20 cm) eller 4 små tarteletter (10 cm)

Fänkål är en underbar grönsak och vi brukar ofta prata om hur vi kan få den att verkligen komma till sin rätt. Vår citrondoftande sallad med fänkål & linser på sidan 84 är ett försök, men jag tycker att den här pajen är ett ännu bättre exempel. Den söta kokosfyllningen förstärker fänkålens särpräglade anisliknande smak. Här behövs ingen ost! Det glutenfria pajskalet görs med mandelmjöl, smakar sött och har precis rätt konsistens.
– David

Gör pajdegen så här: Sikta ner mjöl, stärkelse och salt i en bunke. Tillsätt kokosolja och iskallt vatten och för de torra ingredienserna mot mitten med fingrarna tills en deg bildas. Om degen känns smulig kan man tillsätta ytterligare 1–2 matskedar vatten. Rulla degen till en boll, slå in den i plastfolie och lägg in den i kylskåpet i 30 minuter.

Förbered under tiden fyllningen. Vispa upp kokosmjölk, ägg, muskot, rosmarin, salt och peppar ordentligt i en liten skål. Värm ugnen till 190°. Tryck ut pajdegen med fingrarna i ett jämnt lager på pajformens botten och sidor. Om man gör fyra små tarteletter ska degen delas i fyra bitar innan den trycks ut i formarna. Skär bort överflödig deg jäms med pajformens kant och nagga pajskalet med en gaffel så att det inte pöser upp under gräddningen.

Häll kokos- och äggsmeten i pajskalet, lägg sedan skivad fänkål ovanpå. Ställ in mitt i ugnen och grädda i ungefär 35 minuter, eller tills pajen är gyllenbrun och spröd.

Tips: Gör degen en dag i förväg. Slå in den ordentligt i plastfolie och förvara i kylskåpet tills den ska användas.

MAT PÅ VÄG

Wraps med rödbetor, äpple & getost

LILA RÖDBETSFYLLNING
375 g rå rödbeta (cirka 4–5 medelstora, 7 ½ dl rivna)
300 g mjuk getost
havssalt och nymald svartpeppar

APELSINQUINOAFYLLNING
200 g (2 ½ dl) vit quinoa, sköljd
1 tsk fänkålsfrön
en nypa havssalt
finrivet skal och saft från ½ apelsin
75 g (1 ¼ dl) russin
100 g (2 ½ dl) rostade valnötter, hackade

8 fullkorns- eller majstortillor eller stora grönkålsblad
4 stora spenatblad (delade)
2 avokador, urkärnade, skalade och skivade
3 små äpplen, rivna

8 wraps

Det finns ingen bättre mat än wraps på en picknick. De håller sig väldigt bra, man behöver inga bestick och man kan variera dem i all oändlighet. Vi brukar kombinera några olika fyllningar i våra wraps så att de blir roligare att äta. Rå rödbeta är en av våra favoriter. Den smakar mycket fräschare än kokt rödbeta, särskilt när den blandas med äpple och getost. Russin tillsätts för sötman, valnötter för knaprigheten. Linser skulle också passa fint i dessa wraps.

RÖDBETSFYLLNING: Skala rödbetorna, skär i klyftor och lägg i mixer eller matberedare och mixa stötvis några gånger tills de är finhackade. Tillsätt getost och salt och peppar. Mixa i ungefär 30 sekunder eller tills blandningen är som en grov röra. Smaka av och salta och peppra mer om det behövs. Om man inte har en mixer eller matberedare kan man riva rödbetorna på ett rivjärn och blanda dem med smulad getost för hand.

QUINOAFYLLNING: Koka upp 5 dl vatten i en liten kastrull. Tillsätt quinoa, fänkålsfrön och salt och sjud sakta 15–20 minuter, tills quinoan är mjuk och all vätska har sugits upp. Ta av från plattan och låt svalna. Blanda den avsvalnade quinoan med apelsinskal och -saft, russin och valnötter och rör om så att allt blandas.

MONTERING

Lägg 2–3 matskedar rödbetsfyllning mitt på varje tortilla (inte ända ut i kanten) och lägg ett halvt spenatblad ovanpå. Lägg några skedar quinoafyllning ovanpå och avsluta med några avokadoskivor och lite rivet äpple.

Vik den övre och nedre kanten över fyllningen. Rulla ihop tortillan från vänster till höger så att fyllningen ligger kvar inuti. Rulla in dina wraps i bakplåtspapper och knyt ett snöre om dem så att de hålls ihop under transporten. Klart! Dela dem mitt itu innan de serveras.

Picknickbröd med fyllning av äpple & svamp

1 msk torrjäst
2 ½ dl vatten, cirka 40° varmt
1 msk flytande honung
1 msk havssalt
200 g (4 dl) ljust dinkelmjöl
225 g (4 dl) fullkornsdinkelmjöl
2 msk kallpressad olivolja

FYLLNING
3 msk kallpressad olivolja
½ purjolök, skivad
1 vitlöksklyfta, pressad
10 skogschampinjoner (eller champinjoner), i klyftor
1 grönt äpple, skalat, urkärnat och skuret i centimeterstora bitar
saften från ½ citron
60 g riven pecorino
3 timjankvistar, bara bladen
nymald svartpeppar

Cirka 10 portioner

Jag åt det här genialiska brödet för första gången när jag bodde i Italien. De brukar baka det till påsk, men jag tycker att det passar perfekt till en sommarpicknick. I stället för att toppa brödet med godsaker gömmer man dem i degen innan brödet gräddas, så när man bryter av den första biten avslöjas dess innehåll. Det här är vårt förslag på en läcker matig fyllning, men man kan även baka brödet till dessert om man tillsätter lite sötma i degen och fyller den med frukt, honung och mascarpone.
– David

Lägg jästen i en stor bunke, tillsätt vatten, honung och salt och rör om tills jästen har lösts upp. Sikta ner mjölet i en annan bunke, tillsätt sedan hälften av det i degvätskan. Rör om med en träslev, tillsätt sedan resten av mjölet successivt. Knåda degen i bunken i en minut, stjälp sedan upp den på mjölat bakbord och knåda i ytterligare några minuter. Tillsätt mer mjöl om degen känns kladdig. Degen ska vara elastisk men inte så kladdig att den fastnar på fingrarna. Klappa degen med olivolja och rulla den till en boll. Lägg tillbaka degen i bunken, täck med plastfolie och låt jäsa i cirka 1 timme.

Förbered under tiden grönsaksfyllningen. Häll 1 matsked olivolja i en stekpanna på medelstark värme. Tillsätt purjolök och vitlök och stek i några minuter. Tillsätt svamp och äpple och stek i 3–4 minuter under omrörning. Krydda med salt och peppar. Ta av från plattan, pressa citronsaft över och låt svalna.

Knåda degen hastigt på mjölat bakbord när den har jäst. Lägg degen på ett ark bakplåtspapper. Kavla ut en rektangel, cirka 30 x 40 cm och cirka 1 cm tjock. Ringla resterande olivolja över. Bred ut fyllningen i ett jämnt lager på den nedre deghalvan och strö pecorino över. Toppa med timjan och lite peppar. Rulla degen till en rulle med hjälp av bakplåtspapperet. Pensla kanterna med vatten och forma degen till en krans. Nyp ihop ändarna så att rullen försluts och lägg den på en plåt. Strö lite mjöl över och låt jäsa under bakduk i 30 minuter.

Värm ugnen till 200°. Grädda brödet i 35–40 minuter, eller tills det är gyllenbrunt. Gott både varmt och kallt.

Potatissallad med dill & pepparrot

1 kg små färskpotatisar
15–20 små kulturarvstomater (eller andra ekologiska tomater), delade
200 g (5 dl) färska sockerärter, skurna på längden
1 stor näve dill, grovhackad

DRESSING
2 ½ cm färsk pepparrot, riven
2–3 msk äppelcidervinäger
2–3 msk kallpressad olivolja
havssalt och nymald svartpeppar

4 portioner

Den här salladen är inte bara vacker – med kulturarvstomater i olika färger, sockerärter, potatis och dill utspritt överallt – utan den är också fullproppad med smak och syra från färskriven pepparrot och äppelcidervinäger. Det är en av våra absoluta favoritsallader på sommaren. Vi äter den ofta som tillbehör till grillat.

Lägg potatisen i en kastrull och täck den precis med kallt, saltat vatten. Koka upp, sänk sedan värmen och låt sjuda i 15 minuter. Kolla potatisen med en liten vass kniv – när potatisen ramlar av kniven är den klar. Häll av och låt svalna.

Lägg under tiden tomater, sockerärter och dill i en stor serveringsskål. Vispa ihop ingredienserna till dressingen i en liten skål. Lägg de kalla potatisarna i serveringsskålen, häll dressingen över och rör om med händerna så att allt täcks. Servera.

Sallad med belugalinser, rabarber & sparris

200 g (2 ½ dl) beluga- eller puylinser
2 späda röda rabarberstjälkar, tunt skivade
20 jordgubbar, skivade
150 g (2 dl) skalade edamamebönor
några små nävar röda vinbär (kan uteslutas)
8 sparrisstjälkar, skurna i 2 ½ cm långa bitar
15 basilikablad

LÖNNSIRAPSDRESSING
3 msk lönnsirap
3 msk kallpressad olivolja
saften från ½ citron
havssalt och nymald svartpeppar

4 portioner

Den här salladen är en hyllning till alla fantastiska frukter och grönsaker som är i säsong på våren. Rå rabarber skivas tunt och blandas med lönnsirapsdressing, vilket ger både syra och sötma. Belugalinser är toppen i picknicksallader eftersom de bevarar sin spänst till och med efter en skumpig bilfärd.

Skölj linserna under rinnande vatten. Lägg dem i en medelstor kastrull tillsammans med 5 dl vatten och koka upp. Sänk värmen och låt sjuda sakta i 15–20 minuter eller tills de är mjuka. Tillsätt en nypa salt när de nästan är klara, häll sedan av vattnet och låt linserna svalna.

Skär upp salladsingredienserna och lägg dem i en stor skål tillsammans med de avsvalnade linserna. Vispa ihop dressingen, ringla den över salladen och rör om med händerna tills allt har täckts runtom. Toppa med några basilikablad.

Fördela salladen i fyra små glasburkar, sätt på lock och sedan är det bara att ge sig av. Servera salladen med en bit surdegsbröd.

Tips: Det här är en vegansk rätt, men man kan smula 100 g fetaost och lägga en fjärdedel i varje burk för att göra den matigare.

Gazpacho av jordgubbar

600 g (1 liter) färska jordgubbar, snoppade och delade
500 g (6 dl) vattenmelon, urkärnad och skuren i 2 ½ cm stora bitar
1 röd paprika, urkärnad och hackad
2 små salladslökar, delade på längden
15 myntablad
saften från ½ citron
1 selleristjälk, hackad
4 droppar tabasco (eller mer efter tycke och smak)

4–6 portioner

Vi älskar kalla soppor och fastän vi gillar klassisk gazpacho så lagar vi hellre den här lite sötare varianten. I stället för syrliga tomater dryper den här soppan av frukt. Vi balanserar upp det med lök, selleri, mynta och några droppar tabasco.

Lägg alla ingredienser i en mixer eller matberedare. Mixa stötvis tills konsistensen är som soppa, smaka av och tillsätt mer salt, peppar eller citron om det behövs. Förvara i en stor flaska i kylskåpet. Om du ska ta med dig soppan på picknick bör du lägga i några isbitar strax innan du går så att den håller sig kall. Ta med några glas att servera soppan i.

Familjemiddagar

I vårt vardagsrum har vi ett väldigt vackert stort matbord. Jag fick det av min mamma och jag tror att hon fick det av sin pappa. Det är ett träbord, förmodligen över 100 år gammalt, med repor och märken från tidigare middagar. Vi älskar verkligen det där bordet. Dessvärre misstänker jag att det inte älskar oss tillbaka eftersom vi aldrig äter vid det. Ibland går vi dit med en skål full med mat, men bara för att ta en bild till bloggen. Eller så använder vi bordet för att sortera papper eller lägga Elsas leksaker på. Jag förstår hur förolämpande det måste vara för ett bord med den sortens historia, men det är bara så det har blivit. Även om jag älskar bordet så är det enklare att äta i köket, nära alla våra kastruller, stekpannor, salt och peppar.

Den enda gången vi använder vårt matbord är när vi bjuder hem släkt eller vänner på en bit mat. Då fyller vi det med tallrikar, bestick och glas (vi använder aldrig någon duk, att göra repor i bordet tillför patina). Vi dämpar belysningen i vardagsrummet och sätter på en Nina Simone-skiva. När jag senare på kvällen sitter och lyssnar på surret som uppstår när alla pratar och äter, glasen klingar och stolar skrapar mot golvet tänker jag alltid: "vi borde göra det här oftare". Och det tänker förmodligen även vårt bord.

Middagarna i det här kapitlet är tillräckligt matiga för att tillfredsställa både vegetarianer och köttätare. Även om det inte var vår avsikt har vi lyckats klämma in recept från Sverige, Marocko, Italien, Frankrike, Indien och Japan. Oavsett om det är din systers födelsedagsfest, din sons klassfest eller din bästa vän som kommer på besök, så hoppas vi att du hittar något att ställa fram på ditt matbord.
– *David*

Indisk daal med söta aprikoser & blomkål

HEMLAGAD KRYDDBLANDNING
½ msk korianderfrön
½ tsk senapsfrön
½ tsk kardemummakärnor
½ msk currypulver
½ tsk mald kryddnejlika
½ tsk mald ingefära
en nypa chilipulver
6 osvavlade torkade aprikoser, hackade

2–3 msk ghee (se sidan 25), kokosolja eller kallpressad olivolja till stekning
1 liten gul lök, finhackad
2 vitlöksklyftor, pressade
1 blomkålshuvud i buketter
2 morötter, skivade
200 g (2 ½ dl) röda linser, sköljda
7 ½ dl kokosmjölk
2 ¼ dl vatten
200 g spenat, grovhackad
havssalt
1 stor näve koriander

4 portioner

Jag har varit förälskad i indisk mat så länge jag minns. Jag har varit där några gånger och slås alltid av den stora variationen av vegetarisk mat som baseras på linser, bönor, potatis, blomkål, okra, ärter, paneer, frukt och kryddor. De lyckas alltid kombinera starka och djärva smaker med milda och söta i fantastiska soppor, grytor och wokrätter. I den här rätten utlöser de olika kryddorna en smakexplosion som rundas av med söta torkade aprikoser och kokosmjölk. Vi gör ofta vår egen kryddblandning, vilket helt enkelt är vårt sätt att förstärka smakerna i vanliga currykryddor från mataffären.
– David

Börja med kryddblandningen. Stöt de tre första kryddorna i mortel. Tillsätt resterande kryddor och aprikoser och blanda allt med fingrarna. Hetta upp ghee i en stor kastrull på medelstark värme. Tillsätt kryddblandningen och rör om hela tiden med en träslev. Stek kryddorna tills de doftar och har fått lite färg, men var försiktig så att de inte bränns vid. Om det ser för torrt ut kan man tillsätta en matsked vatten eller mer.

Tillsätt lök och vitlök och stek i några minuter under omrörning. Tillsätt blomkål och morot och rör tills de har täckts av kryddblandningen runtom. Tillsätt nu linser, kokosmjölk och 2 ¼ dl vatten, rör om ordentligt och låt sjuda under lock i 15–20 minuter eller tills grönsakerna och linserna är genomkokta.

Tillsätt spenat och rör om. Strö koriander över grytan och servera den som den är eller med kokt brunt ris eller vildris. Salta efter tycke och smak.

Gryta med rabarber, äpple & pumpa

4–6 portioner

2 msk ghee (se sidan 25), använd kokosolja eller kallpressad olivolja om du är vegan
1 msk spiskumminfrön, malda
½ msk kardemummakärnor, malda
en nypa kajennpeppar
1 stor gul lök i tärningar
4 vitlöksklyftor, pressade
5 cm färsk ingefära, finhackad eller riven
800 g butternutpumpa, squash eller sötpotatis, skalad, urkärnad och skuren i 2 cm stora bitar
5 rabarberstjälkar, skivade
1 rött äpple, urkärnat och tärnat
150 g (3 ¾ dl) gula ärter eller gula linser, sköljda
havssalt
1 l vatten
2–3 msk flytande honung, använd lönnsirap om du är vegan
en näve bladpersilja till garnering (kan uteslutas)

Rabarber brukar de flesta äta till dessert, men dess sötma och syrlighet gör att den är precis lika användbar i maträtter. Vi har lärt oss det av vår vän, den fantastiska kocken Sarah Britton från My New Roots. *Inspirationen till den här rätten kommer från henne och jag tror att hon inspirerades av någonting som Mark Bittman skrev i* How to Cook Everything Vegetarian, *så det är verkligen tredjehandsinformation. Vi har alltid några burkar rabarber i frysen, så vi har kunnat laga lite olika varianter av den här rätten året runt. Rätten är god som den är, men den kan även serveras med kokt brunt, svart, rött ris eller vildris.*

Hetta upp ghee eller olja i en traktörpanna. Tillsätt alla kryddor och rör om hela tiden med en träslev. Stek kryddorna tills de doftar och har fått lite färg – var försiktig så att de inte bränns vid. Om det ser för torrt ut kan man tillsätta en matsked vatten eller mer. Tillsätt lök, vitlök och ingefära och stek i några minuter under omrörning.

Tillsätt butternutpumpa, rabarber och äpple och rör om så att allt täcks av kryddorna. Tillsätt sedan ärter och 1 l vatten och låt sjuda under lock i 20–25 minuter, eller tills grönsakerna och ärterna är mjuka. Salta och tillsätt honung. Servera gärna med en rejäl näve hackad persilja.

Persiko- & portobello-burgare

6 portabellosvampar
6 persikor
6 fullkornshamburgerbröd
100 g färska ärtskott
5 små tomater, skivade
5 små salladslökar, skivade
en liten näve timjanblad, repade

MARINAD
½ dl kallpressad olivolja
2 rosmarinkvistar (hacka 1 av dem fint och använd den andra som pensel)
1 msk timjan, bladen repade och finhackade
2 vitlöksklyftor, finhackade

saften från ½ citron
havssalt och nymald svartpeppar

GUACAMOLE
4 mogna avokador, delade, urkärnade och skalade
3 små tomater
1 näve bladpersilja
1 vitlöksklyfta
½ citron
2 msk kallpressad olivolja

8 burgare

Även om vi under årens lopp har lagat flera olika varianter av grönsaks- och bönburgare, finns det inget som går upp mot en grillad portabellosvamp. Det är den enklaste, mest naturliga och läckraste sak man kan stoppa i ett hamburgerbröd. Den är stor, ger tuggmotstånd och ser faktiskt ut som en burgare. När den värms upp blir den härligt smakrik och saftig.
Vi brukar toppa våra burgare med mosad avokado, färska tomater, skott och någon form av fruktig salsa. Här har vi bytt ut salsan mot persikor som har grillats samtidigt som svampen. Servera burgarna med våra kryddstarka smala rotfruktsstavar (se sidan 178) och lite hemlagad äppelketchup (se sidan 30).

Torka svamphattarna försiktigt med hushållspapper eller en handduk. Ta lite vatten på om det behövs. Skär av fötterna och släng dem. Klappa svamparna torra. Dela persikorna och kärna ur dem.

Gör guacamolen så här: Hacka avokado, tomat och persilja grovt. Lägg allt i en liten skål tillsammans med pressad vitlök, pressa citronsaft över och mosa allt med en gaffel. Allt ska blandas men röran ska ha kvar lite bitar. Ställ undan så länge.

Gör nu marinaden: Häll olivoljan i en liten skål. Tillsätt hackad rosmarin, timjan, vitlök, färskpressad citronsaft och rör om. Salta och peppra efter tycke och smak. Använd den andra rosmarinkvisten för att pensla svamparna och persikorna med marinaden.

Hetta upp en grillpanna och grilla svampar och persikor i 3–4 minuter på varje a på hög värme. Man kan även lägga dem på grillen. Pensla på mer marinad med rosmarinkvisten under grillningen.

Dela hamburgerbröden och rosta dem lätt på grillen. Lägg sedan en stor klick guacamole på underdelen, tillsätt ärtskott, tomatskivor, salladslök, timjan, en svamp och två persikohalvor. Lägg på överdelen och stick i ett grillspett så att burgaren hålls ihop.

Rödbets-bourguignon

2 msk kallpressad olivolja
1 gul lök, hackad
4 vitlöksklyftor, finhackade
8 små rödbetor, skalade och skurna i klyftor (vi använde polkabetor)
6 morötter, skurna i stora bitar
3 lagerblad
2 timjankvistar
havssalt och nymald svartpeppar
2 msk tomatpuré
2 ½ dl rödvin, ta veganvin om du är vegan
5 dl grönsaksbuljong

400 g (5 dl) puylinser
1 l vatten
en nypa havssalt
2 msk kallpressad olivolja
2–3 portabellosvampar, skivade
10 skogschampinjoner
10 pärllökar, skalade
2 tsk arrowrot, upplöst i 2 msk vatten
några timjankvistar, bladen repade, till garnering

4 portioner

De flesta känner till Julia Childs klassiska recept på boeuf bourguignon. Snacka om att göra ett intryck och lämna ett avtryck. Hennes boeuf bourguignon lagas med nötkött och bacon, så det är inte den lämpligaste rätten för en vegetarian, men vi tänkte att det måste finnas ett sätt att förvandla den fylliga, vindrypande heta grytan till något som är mer i vår smak. Efter några experiment visade det sig att vi inte hade gått bet. Saken var biff – vi använde rödbetor i stället för nötkött. Vi tillsatte även stora bitar svamp för att ge grytan rätt konsistens och smak. Vårt rotfruktsmos (se sidan 149) är ett gott tillbehör.

Hetta upp olivoljan i en tjockbottnad kastrull eller gjutjärnsgryta på medelstark värme. Rör ner gul lök och vitlök och stek allt mjukt. Lägg rödbetor, morötter, lagerblad, timjan och salt och peppar i kastrullen och stek i 5 minuter, rör om då och då.
Rör ner tomatpuré, rödvin och grönsaksbuljong och låt sjuda på låg värme i 20 minuter.
Skölj under tiden linserna under rinnande vatten. Koka upp linserna i 1 liter vatten. Sänk till medelstark värme och sjud sakta i 15–20 minuter. Tillsätt saltet när linserna nästan är klara. Häll av vattnet, lägg på locket och ställ undan så länge.
Hetta upp olivoljan i en stor stekpanna, sänk värmen och stek svamp och pärllök mjuka och gyllenbruna, rör om då och då. Krydda efter tycke och smak och ställ undan så länge.
Smaka av grytan och tillsätt mer vin, buljong eller örter om du vill.
Tillsätt arrowrotredningen. Rör om försiktigt tills såsen tjocknar och blir klar.
Tillsätt stekt svamp och pärllök och sjud i ytterligare 10 minuter.
Ta upp lagerblad och timjankvistar före servering. Fördela grytan i 4 skålar tillsammans med linserna och strö färsk timjan över.

Marockansk tagine av grönsaker

3 msk kallpressad olivolja
1 stor gul lök, grovhackad
3 vitlöksklyftor, pressade
1 ½ cm färsk ingefära, riven (eller 1 tsk mald)
1–2 msk mald kanel
1 tsk mald spiskummin
havssalt
2–3 tsk harissapasta (eller torkad harissa)
2 burkar hela plommontomater à 400 g
rivet skal och saft från 1 citron
en stor näve koriander, bladen repade och hackade
1 liten butternutpumpa, skuren i 5 cm stora bitar
1 sötpotatis, skuren i 5 cm stora bitar
3 morötter, skurna i 5 cm stora bitar
1 zucchini, skuren i 5 cm stora bitar

10 osvavlade torkade aprikoser
250 g (3 dl) kikärter, kokta eller konserverade och sköljda
75 g (1 ¼ dl) sultanrussin

TILL SERVERING
200 g (2 ½ dl) fullkornscouscous
2 msk olivolja
1 l vatten
rostad mandel
en liten näve färsk koriander, bladen hackade
några kvistar färsk mynta

4 portioner

I den här rätten blandas mustig kanel med mjuka grönsaker, söta russin och heta kryddor. Det gäller att få grönsakerna så mjälla som möjligt och det enklaste sättet att göra det är att låta dem ånga i sin egen vätska på låg värme så länge som möjligt. En traditionell tagine, en nordafrikansk, glaserad lergodsgryta med koniskt lock, är idealisk när man lagar den här rätten, men även om man använder en lergryta eller en gryta med lock bör det inte vara för svårt. Servera med fullkornscouscous, quinoa eller kokt hirs.

OM DU ANVÄNDER GRYTA: Hetta upp olivoljan i en stor tjockbottnad kastrull eller eldfast gryta och stek löken mjuk i några minuter. Tillsätt vitlök, ingefära och kryddor och rör om, tillsätt sedan harissapasta, tomat, citronsaft och färsk koriander. Koka upp såsen och sänk sedan värmen.

Tillsätt pumpa, sötpotatis, morot, zucchini och aprikoser. Rör om så att allt täcks av tomatsåsen. Lägg på locket och sjud i ungefär en timme. Låt locket ligga på hela tiden, men rör om försiktigt en eller två gånger under kokningen. Efter en timme och när grönsakerna är väldigt mjuka är det dags att röra ner kikärter och russin och koka i ytterligare 5 minuter.

OM DU ANVÄNDER EN TAGINE: Värm ugnen till 150° och laga tomatsåsen enligt anvisningarna ovan. Lägg grönsakerna i taginen, häll över tomatsåsen och se till att alla grönsaker täcks, sätt på locket och tillaga i ugnen i ungefär 1 ½ timme. Tillsätt kikärter och russin när grönsakerna känns mjuka och låt allt svalna i 5 minuter innan taginen tas ut ur ugnen.

Lägg couscousen i en stor skål när grönsakerna nästan är klara. Ringla olivolja över och rör om så att allt täcks. Häll kokande vatten över couscousen, lägg ett lock över skålen och låt svälla i 10 minuter. Fluffa upp couscousen med en gaffel. Servera genast och strö rostad mandel, koriander och mynta över.

Ugnspaket med hasselnöt, aubergine & svamp

175 g (3 dl) hasselnötter, grovhackade
75 g (2 dl) russin
1 aubergine
16 skogschampinjoner
4 oreganokvistar, bladen repade
200 g ricottaost
saften från ½ citron
1 msk havssalt
nymald svartpeppar

Ger 8 paket, räcker till 4 personer som huvudrätt

På sommaren brukar vi slå in grönsaker och färska örter i folie och lägga dem på grillen. Intensiteten i dofterna som flödar ut när vi öppnar paketen kommer alltid som en överraskning. Tyvärr är grillsäsongen futtigt kort i Sverige, så under resten av året tillagar vi paketen i ugnen. Vi fyller dem med aubergine, svamp, ricotta och hasselnötter och smaksätter dem med oregano och söta russin. De är perfekta när man har middagsbjudning eftersom de är lättlagade. Vi brukar servera dem med polenta, men en grönsallad eller potatissalladen på sidan 105 skulle passa till en lättare måltid.

Värm ugnen till 200°. Lägg hasselnötter och russin i en stor bunke. Skär auberginen i centimeterstora tärningar och skär svampen i klyftor. Lägg allt i bunken.
Hacka oreganon grovt och lägg den i bunken tillsammans med ricottaosten. Tillsätt citronsaft, salt och peppar. Rör om försiktigt med en träslev tills allt har blandats.
Skär till 8 fyrkanter bakplåtspapper (25 x 25 cm). Klicka ut fyllningen mitt på varje fyrkant. Samla ihop hörnen och knyt paketen med ett ugnssäkert snöre. Ställ dem på en plåt och ugnsbaka i 25 minuter. Servera paketen hela så att gästerna kan knyta upp dem själva.

Pyttipanna med bondbönor

4 portioner

- 1 msk kallpressad olivolja
- 1 gul lök, grovhackad
- 2 vitlöksklyftor, grovhackade
- 450 g små färskpotatisar, skurna i centimeterstora tärningar
- 3 rödbetor, skurna i centimeterstora tärningar
- 3 morötter, skurna i centimeterstora tärningar
- 2 palsternackor, skurna i centimeterstora tärningar
- 1 rotselleri, skuren i centimeterstora tärningar
- 15 färska bondbönor, spritade och skalade
- 1 zucchini, skuren i 2 ½ cm stora tärningar
- en stor näve färsk dill

SENAPSDRESSING
- 1 msk senap
- 2 msk kallpressad olivolja
- 1 msk flytande honung eller agavesirap
- 1 msk citronsaft

SERVERA MED
- 4 äggulor (kan uteslutas)

Både Luise och jag älskade den här rätten när vi var små. Pyttipanna heter Biksemad på danska, men rätten lagas på precis samma sätt – man hackar upp de rester man har och steker dem i en stekpanna.
I stället för kött baseras vår pyttipanna på rotfrukter – små färskpotatisar, rödbetor, palsternacka och rotselleri. Eftersom råvarorna har olika tillagningstid är tanken att man hackar och slänger dem i pannan vartefter, börja med potatisen och avsluta med zucchinin.
– David

Hetta upp olivoljan i din största stekpanna på medelstark värme. Tillsätt gul lök och vitlök och stek i ungefär en minut. Tillsätt potatis och rödbetor och stek i ungefär 7 minuter, tillsätt sedan morötter, palsternackor och rotselleri. Rör om då och då så att rotfrukterna inte fastnar i stekpannan. Tillsätt lite mer olivolja om det behövs. Stek i 5 minuter, tillsätt sedan bondbönor, zucchini och några dillkvistar. Stek i ytterligare 5 minuter, eller tills alla grönsaker blivit mjuka. Lägg ingredienserna till dressingen i en liten glasburk med skruvlock och skaka den. Häll dressingen i stekpannan om du vill ha krämig pyttipanna, servera den annars bredvid. Vi brukar servera pyttipanna med en äggula, men det är så klart valfritt.

Tips: Man kan använda det man har i kylskåpet till den här rätten. Ibland tillsätter vi salladslök, kikärter, tofu, broccoli eller salladsärter.

Zucchinispaghetti med marinerad svamp

MARINERAD SVAMP
4 små portabellosvampar, skivade
½ dl kallpressad olivolja
½ dl äppelcidervinäger

CASHEW- OCH TOMATDRESSING
150 g (2 ½ dl) naturella cashewnötter, blötlagda i kallt vatten i 4–6 timmar
rivet skal och saft från 1 ekologisk citron
1 vitlöksklyfta, hackad
2 msk kallpressad olivolja
200 g (2 ½ dl) marinerade soltorkade tomater, avrunna
havssalt och nymald svartpeppar

ZUCCHINISPAGHETTI
2 gröna eller gula zucchinier

4 portioner

Du kanske har hört talas om zucchinispaghetti eller kanske till och med smakat? Det är tunt skivad zucchini som äts rå i stället för vanlig spaghetti. Det här är mitt favoritsätt att smaksätta dem. Dressingen med cashewnötter och soltorkade tomater smakar mycket och den marinerade svampen tillför syrlighet och tillfredsställande tuggmotstånd.
– Luise

Lägg den skivade svampen i en skål. Vispa upp olja och vinäger och häll över svampen. Vänd några gånger så att den täcks av marinaden. Täck skålen och låt dra i kylskåpet i ungefär en timme, rör om då och då. Häll alla ingredienser till dressingen i en mixer och mixa slätt. Om man inte har någon mixer kan man mosa allt till en smet i en stor mortel. Om dressingen känns för tjock kan man tillsätta lite vatten. Smaka av med salt och peppar.

Skölj zucchinin och skär den på längden med en julienneskärare eller mandolin så att du får spaghettiliknande remsor. Lägg dem i en stor bunke. Tillsätt dressingen och rör om försiktigt så att allt täcks. Tillsätt sedan den marinerade svampen och servera!

Tips: Om man inte har någon julienneskärare, grönsakssvarv eller mandolin kan man använda en potatisskalare. Då får man tagliatelle i stället.

Tips: Man kan skära zucchinispaghettin och låta dem torka i ungefär 30 minuter, sedan kan man förvara dem i lufttät burk i kylskåpet i upp till 5 dagar.

Sushi-explosion!

MARINERAD TOFU
- ¾ dl sesamolja
- ¾ dl soja
- 2 msk risvinäger
- 1 vitlöksklyfta, pressad
- ½ röd chilifrukt, urkärnad och finhackad
- 2 ½ cm färsk ingefära, skalad och riven
- 300 g fast tofu, avrunnen, avtorkad och tärnad

BRUNT SESAMRIS
- 400 g (5 dl) brunt, rött, fullkorns- eller vildris
- 1 l vatten
- en nypa havssalt
- 2 msk risvinäger
- 1 msk sesamolja
- 1 tsk hackad koriander

INLAGD INGEFÄRA
- en stor bit färsk ingefära, cirka 12 cm, skalad och tunt skivad
- havssalt
- ½ dl äppelcidervinäger
- 1 msk flytande honung
- en nypa havssalt

WASABIYOGHURT
- 1 ¼ dl naturell yoghurt
- 1 msk grön wasabipasta

SALLADSINGREDIENSER
- 1 stort broccolihuvud, i buketter
- 1 salladslök, tunt skivad
- 2 avokador, urkärnade, skalade och tärnade
- 12 skogschampinjoner i klyftor
- 1 näve salladsärter, delade på längden
- 1 liten näve böngroddar
- ½ gurka, skuren i stavar
- 8 noriark, skurna i rutor, 5 x 5 cm
- 1 liten näve sesamfrön
- 1 stor näve koriander, bladen repade

4 portioner

Så här blev det en dag när vi kände för att göra egen vegetarisk sushi men var för lata för att gå igenom hela den japanska ris- och rullningsprocessen. I stället marinerade vi tofu, kokade lite brunt ris, hackade våra favoritgrönsaker, skar sjögräset i bitar och blandade allt så att det såg ut som om en sushirulle hade exploderat i en skål. Vi älskar den här salladen. Sesamoljan, risvinägern och sjögräset gör att salladen känns som sushi fast ännu mer mättande (se bild på nästa uppslag).

MARINERA TOFUN
Låt tofun rinna av och klappa den torr med hushållspapper. Skär tofun i 2 ½ cm stora tärningar. Blanda ingredienserna till marinaden i en skål och tillsätt tofun. Blanda tills den har täckts runtom. Kyl i minst 25 minuter (gärna längre om du har tid).

KOKA RISET
Skölj riset i vatten tills det är klart, häll av vattnet och lägg riset i en kastrull med 1 liter kokande vatten och salt. Koka upp. Sänk värmen och låt sjuda i 45 minuter eller tills riset är mjukt och allt vatten har sugits upp. Låt svalna en aning och rör ner risvinäger, sesamolja och koriander.

INLAGD INGEFÄRA
Skala ingefäran och skiva den mycket tunt på längden, lägg den på en tallrik, strö salt över och låt stå i 15–30 minuter. Krama ur ingefäran med händerna, skölj den under rinnande vatten och krama ur den igen. Lägg den i en liten skål. Vispa ihop ingredienserna till marinaden med 2 matskedar vatten och häll allt över ingefärsskivorna. Låt dra i 15–30 minuter.

WASABIYOGHURT
Blanda yoghurt och hälften av wasabin. Smaka av och tillsätt mer wasabi om det behövs – wasabi varierar i styrka beroende på vilket märke man använder.

MONTERING
Blanchera broccolin – lägg buketterna i en skål och häll kokande vatten över, låt stå i 2 minuter, häll sedan av vattnet och skölj i iskallt vatten.
Blanda grönsakerna och noriarken i en skål.
Fördela riset i 4 stora skålar och lägg grönsaker och marinerad tofu ovanpå. Ringla resterande tofumarinad över salladen och toppa med sesamfrön och koriander. Servera med marinerad ingefära, wasabiyoghurt och lite soja.

Siciliansk parmigiana di zucchine

1 sats tomatsås, tillsätt en näve mynta tillsammans med basilikan (se sidan 22)
5 zucchinier
5 hårdkokta ägg
2 msk olivolja
300 g buffelmozzarella, avrunnen och skivad
100 g riven parmesan
1 stor näve basilika, bladen repade
1 stor näve mynta, bladen repade
havssalt och nymald svartpeppar

4–6 portioner

Det här är ett klassiskt italienskt recept som påminner om lasagne men som innehåller zucchiniskivor i stället för lasagneplattor. Därför är rätten lite lättare men ändå väldigt matig. Vi använder en tomatsås med inspiration från Sicilien med massor av färsk mynta, som ger en underbar och oväntad smakkombination. Vi fotograferade rätten (se bilden bredvid) innan vi lade på det översta lagret med tomatsås och parmesanost så att man ser hur lagren ska se ut.

Värm ugnen till 200°. Skiva zucchinierna tunt på längden, ungefär 7 mm tjockt. Lägg skivorna i ett durkslag, strö 5 tsk salt över och rör om ordentligt. Låt ligga i cirka 30 minuter så att en del vätska dras ur. Knäck och skala äggen under tiden och skär dem i 7 mm tjocka skivor. Skölj zucchiniskivorna och klappa dem torra med hushållspapper. Värm upp ugnens grillelement. Pensla skivorna med olivolja och grilla dem i 10 minuter eller tills de blivit gyllenbruna, vänd dem efter 5 minuter. Man kan också grilla dem i en grillpanna.

Gör gratängen så här: Häll lite tomatsås i en ugnsform (25 x 30 cm). Lägg på ett lager zucchiniskivor, sedan mozzarellaskivor, äggskivor, parmesan, basilikablad, myntablad och svartpeppar. Upprepa proceduren. Avsluta med ett lager zucchiniskivor och täck dem sedan helt med det sista av tomatsåsen och parmesanosten.

Ugnsbaka i 40 minuter eller tills osten är gyllenbrun och bubblar. Ta ut formen ur ugnen och låt vila i ungefär 5 minuter före servering.

Röda lins- bollar med citronmeliss- & basilikasås

200 g (2 ½ dl) röda linser
½ rödlök, finhackad
2 vitlöksklyftor, pressade
3 msk kallpressad olivolja
2 msk tomatpuré
40 g (1 ¼ dl) havregryn
1 tsk paprikapulver
en nypa kajennpeppar eller mer efter tycke och smak
havssalt

CITRONMELISS- OCH BASILIKASÅS
en näve citronmeliss, bladen repade
en näve basilika, bladen repade
½ dl valfri olja
2 msk vatten
saften från ½ citron
en liten näve hasselnötter, rostade och skalade
havssalt och nymald svartpeppar

15 bullar

En dag när jag kom hem från jobbet hade Luise lagat de här veganska bullarna som serverades med zucchinispaghetti. Det var hennes variant av spaghetti och köttbullar från Lady och Lufsen. *Jag avgudar henne för sådana där saker. Trots att jag har varit vegetarian i över halva mitt liv hade jag aldrig ätit något som ens liknade det. Och hon bara svängde ihop det en vanlig tisdag. Vilken innovativ tolkning av en gammal klassiker. Linserna ger bullarna en fin söt smak och lite tuggmotstånd och passar väldigt bra till citronmeliss- och basilikasåsen. Servera med zucchinispaghetti (se sidan 131) eller vanlig fullkornsspaghetti.*
– David

Gör linsbullarna så här: Skölj linserna och lägg dem i en kastrull med 5 dl kallt vatten. Koka upp, sänk värmen och sjud sakta i 15 minuter eller tills de är mjuka. Låt rinna av ordentligt och svalna en aning.
Mosa linserna med en gaffel eller använd en stavmixer. Linserna ska mosas men ändå ska det finnas några hela linser kvar. Lägg dem i en bunke, tillsätt resterande ingredienser och rör om med en slev tills allt har blandats. Ställ smeten i kylskåpet i 30 minuter.
Värm ugnen till 190° och klä en plåt med bakplåtspapper. Rulla 15 bullar för hand, lägg dem på plåten och grädda dem i 15–20 minuter. Vänd var 5:e minut så att de får fin färg och form runtom.
Gör under tiden citronmeliss- och basilikasåsen. Lägg alla ingredienser i en mixer tillsammans med 2 matskedar vatten och mixa till en krämig sås. Tillsätt lite vatten om du vill ha lösare sås.

Tips: Om man inte får tag på citronmeliss kan man använda mer basilika och pressa i lite citronsaft i stället.
Tips: för glutenfritt alternativ: Använd glutenfria havregryn.

Fyra vegetariska pizzor

PIZZADEG PÅ DINKELMJÖL
2 ½ dl ljummet vatten
2 tsk torrjäst
2 tsk havssalt
300 g (6 ¼ dl) ljust dinkelmjöl
2 msk olivolja

12 minipizzor eller 2 stora pizzor

Du vet när man gör något som man tycker att man är ganska bra på och sedan ser någon annan göra samma sak fast hundra gånger bättre? Så kände vi när vi beställde en vegetarisk pizza på en liten ristorante på Sicilien för några år sedan. Mamma mia, vilken smaksensation! Och de hade slängt på åtminstone 15 olika grönsaker på en liten pizzabit. Sedan dess har vi jobbat på att förbättra våra egna pizzarecept. Här har vi bakat minipizzor med några av våra favoritkombinationer. Fyllningarna räcker till 2 stora pizzor eller 12 minipizzor, så dela bara mängden om du vill göra fler än en sort. Om du vill ha en lättare, glutenfri pizzabotten kan du testa vår blomkålsdeg på sidan 86.

Häll det ljumma vattnet i en medelstor bunke. Tillsätt salt och jäst och rör om. Rör ner 225 g (5 dl) av mjölet. Tillsätt successivt resten av mjölet tills degen kan formas till en boll. Knåda på mjölat bakbord i några minuter, tillsätt mer mjöl om degen fastnar på fingrarna. Lägg tillbaka degen i bunken och gnid in den med olivolja. Gnid in hela degklumpen med olja. Täck bunken med plastfolie och låt jäsa varmt i 1–2 timmar. Värm ugnen till 250°. Knåda degen med händerna på lätt mjölat bakbord. Dela upp den i 10–12 små bitar. Sträck ut och platta till degbitarna till önskad storlek och tjocklek och lägg dem på bakplåtspappersklädd plåt. Dinkelmjöl är inte lika elastiskt som vetemjöl, men om man är försiktig och plattar till degen med handflatan går det bra. Ett annat knep är att kavla ut degen direkt på bakplåtspapperet med en lätt mjölad kavel och sedan bara lägga bakplåtspapperet på plåten.

Lägg på önskad fyllning och grädda i 10–15 minuter, tills pizzorna är gyllenbruna i kanterna.

Röd siciliansk fyllning

½ sats tomatsås (se sidan 22)
6 små potatisar, delade och kokta
12 skivor grillad och marinerad aubergine (köp färdig eller använd receptet på se sidan 149)
12 körsbärstomater, delade
12 champinjoner, delade
en näve kapris, avrunnen
6 små salladslökar, delade på längden
2 oreganokvistar, bladen repade

Bred ut ungefär två matskedar tomatsås på varje degrundel. Lägg potatis, aubergine, körsbärstomater, svamp och kapris ovanpå. Tillsätt salladslök och oregano och grädda i 10–15 minuter tills pizzorna är gyllenbruna runt kanterna. Man kan även använda bara tomatsås, körsbärstomater och oregano för att laga en enkel och vacker körsbärstomatpizza.

Fyllning av söt aprikos

250 g (2 ½ dl) ricottaost
12 färska aprikoser, urkärnade och skivade
150 g (2 ½ dl) färska hallon
1 ¼ dl raw dadelsirap (se sidan 30)

Bred ut ungefär två matskedar ricotta på varje degrundel. Pensla aprikosskivorna med dadelsirap och lägg dem i en cirkel ovanpå. Lägg på några hallon, grädda sedan som i receptet ovan.

Fyllning av grön zucchini

200 g babyspenat
1 ¼ dl olivolja
½ dl vatten
2 vitlöksklyftor
salt och nymald svartpeppar
12 små zucchinier, skivade
100 g mjuk getost

Den här pizzan har en grön sås som kan göras blixtsnabbt, ingen kokning behövs. Blanda spenat, olivolja, ½ dl vatten, vitlök, salt och peppar i en mixer och mixa slätt. Bred ut spenatsåsen i ett jämnt lager på pizzadegen. Lägg zucchiniskivor ovanpå såsen, strö smulad getost över och grädda (se föregående sida).

Fyllning av vit potatis

1 msk kallpressad olivolja
12 råa potatisar med skal, tunt skivade
2 små salladslökar, tunt skivade
6 oregano- eller rosmarinkvistar, bladen repade
100 g getost

Pensla degen med ett tunt lager olivolja. Täck den med potatisskivor, lök, oregano, getost, salt och nymald svartpeppar. Ringla lite olivolja över pizzan och grädda i 10–15 minuter, tills fyllningens yttre del och kanterna har blivit lite brända.

Bönotto med ostronskivling & spenat

2 msk kallpressad olivolja
1 stor gul lök, finhackad
2 vitlöksklyftor, finhackade
100 g (3 ¾ dl) ostronskivling (eller champinjoner), skivade
1 ¼ dl torrt vitt vin
250 g spenat, grovhackad
450 g (5 dl) kokta vita cannellinibönor (se sidan 28)
1 ¼ dl grönsaksbuljong
60 g mascarpone
rivet skal och saft från ½ ekologisk citron
en näve timjan, bladen repade
havssalt och nymald svartpeppar

4 portioner

Risotto har alltid varit en hit i vår familj, särskilt under höst- och vintermånaderna. Men ibland föredrar vi att laga helt spannmålsfria rätter och då passar de här krämiga bönorna perfekt. Vi kallar rätten "bönotto" eftersom vinsmaken och den krämiga konsistensen påminner väldigt mycket om risotto. Om man har förkokta eller konserverade bönor kan rätten svängas ihop på 10 minuter.

Hetta upp olivoljan i en stor kastrull på medelstark värme. Tillsätt gul lök och vitlök. Fräs i några minuter, tills löken är mjuk och gyllenbrun. Rör om då och då.

Tillsätt svamp och fräs i ungefär en minut. Rör ner vin och spenat och sjud tills spenaten har blivit mjuk.

Tillsätt nu bönor och buljong. Låt koka under omrörning i 3–4 minuter. Sänk värmen och tillsätt mascarpone, citronsaft och timjan. Rör om ordentligt, smaka av och salta och peppra mer om det behövs. Strö lite rivet citronskal över bönotton och servera.

Rotfruktsmos med enbärsmarinerad aubergine

4 portioner

ROTFRUKTSMOS
1 kg sötpotatis, palsternacka och kålrot
¾ dl olivolja
rivet skal och saft från 1 citron
en näve koriander eller bladpersilja
100 g (1 ¼ dl) grovhackad mandel eller pekannöt
havssalt och nymald svartpeppar

ENBÄRSMARINAD
1 msk torkade enbär, krossade
2–3 rosmarinkvistar, bladen repade
1 ¼ dl kallpressad olivolja
saften från 1 citron
havssalt och nymald svartpeppar
3–4 auberginer, skurna på längden i 1 cm tjocka skivor

Rotfruktssäsongen i Sverige är oändligt lång. Det är de enda grönsakerna som faktiskt klarar av vårt klimat. Vi brukar mosa dem till ett citron- och mandeldoftande rotfruktsmos. Man kan göra mos med hjälp av en matberedare, men det blir bättre om man mosar för hand så att det blir lite tuggmotstånd kvar. På sommaren serverar vi moset med enbärsmarinerade aubergineskivor som grillats lite för länge så att smaken fördjupas.

Skölj och skala rotfrukterna och skär dem i mindre bitar. Lägg dem i en stor kastrull, täck med kallt vatten och koka upp. Sänk värmen och sjud sakta i 15–20 minuter eller tills rotfrukterna är mjuka, det beror på bitarnas storlek. De är genomkokta när man med lätthet kan sticka en kniv igenom dem.

Ta av kastrullen från plattan, spara lite av kokspadet och häll av resten. Tillsätt olja, citronskal och -saft, koriander, nötter och kryddor och mosa ordentligt med en potatisstöt. Vispa sedan med en träslev och tillsätt lite av kokspadet för att få önskad konsistens.

Blanda under tiden krossade enbär och rosmarinblad med olja och citronjuice till marinaden. Salta och peppra. Lägg aubergineskivorna på en stor tallrik eller bricka och täck dem med marinaden. Marinera i 30–60 minuter så att de verkligen drar åt sig alla smaker.

Värm upp grillelementet i ugnen, grillen eller grillpannan så att det blir riktigt varmt. Grilla de marinerade aubergineskivorna på båda sidorna, vänd varje minut eller så. Pensla skivorna med mer marinad med en rosmarinkvist. Auberginen är klar när den är mjuk i mitten, knaprig i kanterna och har fått grillränder. Servera med rotfruktsmos och grönsallad.

Du behöver också:
5 bitar ostduk eller muslintyg
 à 20 x 30 cm
10 bitar hushållssnöre à 5 cm

Sallad med quinoa & vegochorizo

4 portioner

VEGOCHORIZO
100 g (1 ¼ dl) soltorkade tomater, sköljda
125 g (1 ¾ dl) cashewnötter, rostade
½ rödlök, grovhackad
½ röd chilifrukt, urkärnad och finhackad
6 osvavlade torkade aprikoser, grovhackade
2 oreganokvistar, bladen repade och hackade
200 g rismjöl
1 msk xantangummi
1 msk linfrön, krossade
½ dl kallpressad olivolja
1 liter grönsaksbuljong
1 msk olivolja till stekning
½ dl vatten

QUINOASALLAD
5 dl vatten
200 g (2 ½ dl) svart quinoa
15 små kulturarvstomater (eller andra ekologiska tomater), delade
2 små röda äpplen i tärningar
½ rödlök, skivad
350 g (5 dl) kokta limabönor (se sidan 28)

SENAPSDRESSING
¾ dl olivolja
rivet skal och saft från ½ ekologisk citron
3 msk stark engelsk senap
havssalt
några oreganokvistar till garnering

Ett varningens ord: receptet innehåller ord som kan skrämma slag på vissa vegetarianer. Men det är ingen fara – våra chorizokorvar är helt växtbaserade. Det här är utan tvekan kokbokens mest oväntade rätt. Vi har inte bara gjort korvar (!), utan vi har också blandat ner dem i en quinoasallad. Det är definitivt inte vår vanliga kombination, men det är riktigt gott. Senapsdressingen i salladen passar perfekt till korvarna. Man kan förstås också göra quinoasalladen utan vegochorizo (eller köpa färdiga korvar). Och det finns förstås också många olika sätt att servera vegochorizo på – som en klassisk varmkorv, med mos eller i en gryta.

Gör vegochorizo så här: Blanda soltorkade tomater, cashewnötter, lök, chili och aprikoser i en matberedare eller mixer. Mixa stötvis tills allt är finhackat. Tillsätt örter, rismjöl, xantangummi och linfrön och mixa stötvis tills allt har blandats. Tillsätt olivolja och ½ dl vatten och mixa stötvis till en deg, som ska vara lätt att hantera och forma till korvar. Dela degen i 5 lika stora delar. Rulla varje bit till en korv, lägg den på ostduken, rulla ihop och knyt ihop ordentligt i båda ändarna. Gör resten av korvarna på samma sätt.

Koka upp grönsaksbuljongen i din största stekpanna. Lägg korvarna i pannan och låt koka i ungefär 45 minuter. Ta sedan försiktigt bort ostdukarna från de kokta korvarna. Hetta upp olivoljan i en stekpanna på medelhög värme och stek dem tills de har fått fin färg runtom.

Laga sedan quinoasalladen: Häll 5 dl vatten, quinoa och salt i en tjockbottnad kastrull. Koka upp, sänk värmen och sjud sakta i 15–20 minuter. Häll av eventuellt vatten och låt svalna. Skär upp tomater, äpplen och lök och skiva de stekta chorizokorvarna.

Vispa ihop ingredienserna till dressingen i en liten skål. Lägg quinoa, tomater, äppeltärningar, lök och limabönor i en stor skål. Tillsätt chorizoskivorna, häll sedan dressingen över och blanda försiktigt så att allt täcks runtom. Garnera med oregano och servera.

Fyllda tomater med amarant & halloumi

FYLLDA TOMATER
- 200 g (2 ½ dl) amarant
- 6 dl vatten
- en nypa havssalt
- 50 g naturella och skalade pistaschnötter, grovhackade
- 100 g halloumiost, grovhackad
- 3 msk kapris, avrunnen
- 1 ägg
- 6–8 stora tomater

ROSTADE ROTFRUKTER
- 1 kg rotfrukter, t.ex. sötpotatis, palsternacka och morot
- 200 g svarta oliver
- 3 rosmarinkvistar
- 2 msk kallpressad olivolja
- 2 tsk havssalt
- 1 citron i klyftor
- 1 hel vitlök, delad på mitten

4 portioner

Vi älskar effektiv matlagning. Här ugnsrostas rotfrukterna i samma form som de fyllda tomaterna. Allt blir klart samtidigt, vilket alltid underlättar. Fyllningen kan förberedas en dag i förväg och förvaras i kylskåpet. Amarant är ett litet frö som är fullproppat med protein och som gör rätten lättare än det ris som vanligtvis används. Om du inte hittar amarant kan du använda quinoa eller hirs i stället. Om du inte hittar halloumiost kan du använda getfetaost i stället.

Lägg amaranten i en kastrull tillsammans med 6 dl vatten och salt. Koka upp, sänk värmen tills det knappt sjuder, lägg på lock och sjud sakta i 20 minuter.

Förbered under tiden resten av ingredienserna till fyllningen och lägg dem i en medelstor bunke. Låt den kokta amaranten rinna av och svalna en aning innan den blandas med de andra ingredienserna. Rör om och ställ undan så länge.

Skär av toppen på tomaterna med en vass kniv. Lyft försiktigt av toppen och gröp ur tomaterna med en tesked. Fyll tomatskalen med amarantblandningen och lägg på topparna igen.

Värm ugnen till 200°.

Skölj rotfrukterna. (Om du använder ekologiska rotfrukter behöver de inte skalas.) Skär dem i lika stora bitar, cirka 5 x 1 cm. Lägg rotfrukterna i en stor bunke tillsammans med oliver, rosmarin och olja. Rör om med händerna så att allt täcks av olja runtom. Lägg rotfrukterna på en plåt tillsammans med de fyllda tomaterna, vitlökshalvorna och citronklyftorna och ställ in den i ugnen. Ugnsrosta i 50–60 minuter, eller tills rotfrukterna är gyllenbruna och knapriga i kanterna. Servera genast.

Munsbitar

Då och då brukar vi göra en "Extreme Fridge Makeover". Vi tömmer kylskåpet, torkar ur det och David flyttar om hyllorna så att vi "för första gången" kommer att ha perfekt ordning i det. Luften dallrar av spänning när han förklarar den nya strategin: "Okej, Lul, hör noga på nu. Grönsakerna ska stå här, resterna på översta hyllan. Och alla dina burkar har egna hyllor här." Han är bra på att planera sådana där saker. Och jag förstår faktiskt att det fungerar, i teorin. Problemet är att vi inte är så bra på att följa instruktionerna och när vi är mitt uppe i att röja undan efter middagen ställer jag saker på första bästa tomma hylla jag ser. Och det gör David också, oavsett vad han själv hävdar. Så ett halvår senare måste vi börja om från början igen.

Mina burkar är definitivt också en del av problemet – röror, sylter, pastejer, nötsmör, syrad vitkål och hemlagade sötningar som har en förmåga att föröka sig överallt på hyllorna. Jag antar att det vore en bra lösning att skaffa ett till kylskåp, bara till alla våra burkar. Saken är den att vi inte äter riktigt som traditionella familjer. På vårt matbord står, förutom huvudrätten, oftast ett par olika tillbehör och någon form av röra. Råa grönsaksstavar, en skål getostdip, lite bönor vid sidan om eller en burk baba ganoush. Det är ofta alla de där småsakerna som tillsammans gör måltiden komplett och tillfredsställande.

Vi har samlat några av våra favoritburkar här. Och även ett recept på frökex, en oväntad ceviche och en tallrik med zucchini- och ricottarullar. Alla dessa munsbitar är inte bara bra tillbehör, utan passar även perfekt på buffébordet.
– *Luise*

Baba ganoush

2 auberginer – cirka 800 g
2 msk sesamolja
3 msk citronsaft
2 vitlöksklyftor, pressade
1 tsk havssalt
2 msk olivolja
1 näve bladpersilje- eller korianderblad

Räcker till 1 burk à 350 g

Det orientaliska köket har så många härliga vegetariska röror. Hummus är förstås den mest populära och välkända. Men vi vill slå ett slag för en annan av våra favoriter: baba ganoush. Rörans lite syrliga och rökiga smak passar särskilt bra till pitachips och andra salta kex. I de flesta recept ska man använda sesampasta, men eftersom den brukar överskugga andra smaker använder vi den mildare sesamoljan i stället.

Värm ugnen till 250°.

Dela auberginerna på längden. Lägg snittytan nedåt på bakplåtspappersklädd plåt och ugnsrosta i ungefär 45 minuter, tills auberginerna är helt mjuka och skalet svart. De ser punkterade ut när de är klara.

Ta ut ur ugnen och låt svalna i några minuter. Dra bort skalet. Det bör gå lätt att dra av det, men om det inte gör det kan man lägga dem i en plastpåse i 10 minuter och försöka igen.

Finhacka fruktköttet och skrapa ner det i en medelstor skål. Tillsätt sesamolja, citronsaft, vitlök och salt. Rör om och mosa allt till en slät röra med en gaffel. Smaka av och tillsätt mer salt och citronsaft om det behövs. Kyl i ungefär 1 timme före servering. Förvara i lufttät glasburk i kylskåpet. Håller i 3–4 dagar.

Ärtstomp med mandel & chili

500 g (8 dl) skalade färska ärter eller frysta (upptinade)
50 g (1 ¼ dl) grovhackad mandel
saften från ½ citron
1–2 tsk urkärnad och finhackad färsk chilifrukt
1 liten knippa mynta, bladen repade (spara några till garnering)
½ dl kallpressad olivolja
havssalt

4 portioner

Av någon anledning äter vi inte ärter så ofta. Det är märkligt eftersom de är söta och har vacker färg. Vi påmindes om det när vi besökte ett trädgårdskafé på Gotland. De hade ett ärtmos som var jättegott på en skiva surdegsbröd. Så fort vi kom hem gick vi och köpte en stor påse färska ärter och lagade den här rätten. Använd stompet som tillbehör eller bred det på surdegsbröd eller mörkt danskt rågbröd (se sidan 58).

Lägg alla ingredienser i en bunke. Mixa med en stavmixer, men lämna kvar några hela ärter så att stompet får lite grövre konsistens. Smaka av och krydda mer om det behövs. Garnera med några myntablad och servera. Ärterna mörknar ganska fort, så det är bäst att äta stompet samma dag som det lagas.

Sylt av fikon, rabarber & päron

150 g rabarber (cirka 3 stjälkar), skurna i 2 ½ cm stora bitar
2 päron, skalade, urkärnade och grovhackade
6 mjuka torkade fikon, grovhackade
2 ½ cm färsk ingefära, riven
1 msk kardemummakärnor, stötta

Ger ungefär 350 g

Trots att vi inte använder något socker i sylten är den väldigt söt och superläcker. Smakerna är mycket mer komplexa än i traditionell jordgubbssylt och därför passar den väldigt bra till ost och frökex eller knäckebröd.

Lägg frukt, ingefära, kardemumma och 1 matsked vatten i en medelstor kastrull. Låt koka upp sakta (varmen får frukten att safta ur), sänk värmen och sjud försiktigt i 30 minuter. Rör om då och då tills sylten är tjock och mosig.

Ta av kastrullen från plattan och låt svalna. Förvara i lufttät burk i kylskåpet. Håller i ungefär en vecka.

Frökex med apelsinkyss

60 g (drygt 1 dl) solrosfrön
60 g (drygt 1 dl) sesamfrön
40 g (drygt ½ dl) linfrön, krossade
60 g (drygt 1 dl) hampafrön
100 g (2 ½ dl) amarantmjöl (eller quinoa- eller mandelmjöl)
1 ½ tsk havssalt
½ dl olivolja
3 dl vatten
2 msk apelsinjuice
1 msk flytande honung, använd lönnsirap om du är vegan

Cirka 20 kex

De här gluten- och nötfria frökexen är nästan för enkla att baka – det behövs varken knådning eller jäsning. Rör bara ihop ingredienserna, platta ut degen på en plåt och grädda. Resultatet blir läckra, spröda kex som passar perfekt till rörorna i det här kapitlet. Om du inte kan hitta hampafrön kan du öka mängden solrosfrön. Om du vill ha naturella kex går det bra att utesluta apelsinjuice och honung.

Värm ugnen till 150°.
Spara en fjärdedel av fröna till garnering, blanda sedan alla ingredienser, utom apelsinjuice och honung, med 3 dl vatten i en medelstor bunke. Rör om med träslev till en lös smet. Om smeten inte är tillräckligt lös kan man tillsätta lite mer vatten – det förångas när kexen gräddas.
Klä två plåtar (30 x 35 cm) med bakplåtspapper och häll smeten på dem. Platta ut så tunt som möjligt med en slickepott. Grädda i ugnen i 25 minuter.
Vispa under tiden upp honung och apelsinjuice i en liten skål. Ta ut plåtarna ur ugnen, pensla kexen med honungsblandningen och strö på resterande frön. Skär kexen i rutor, 5 x 5 cm, och grädda i ytterligare 30 minuter eller tills de är knapriga. Låt svalna på galler.

Ceviche av groddar

rivet skal och saft från 3 limefrukter
1 schalottenlök, finhackad
2 msk kallpressad olivolja
½ tsk havssalt
½ tsk färsk röd chilifrukt, urkärnad och finhackad
1 stor näve korianderblad
200 g (5 dl) mungbönsgroddar (se sidan 28) eller köp färdiga

4 portioner

Även om vi inte äter fisk hemma så älskar vi att marinera alla möjliga olika grönsaker i fräscha cevichesmaker. Det blir allt från en mer sammansatt cevichesallad till ett enkelt tillbehör, som den här rätten. Groddar passar särskilt bra med så mycket dressing, eftersom de suger upp smakerna. Om man lagar rätten till en buffé blir det snyggt att lägga upp en sked groddar på endiveblad.

Lägg limeskal och -saft, lök, olivolja, salt och chili i en skål och rör om så att allt blandas. Tillsätt groddar och koriander och rör om igen. Låt dra i 15 minuter före servering så att smakerna får blomma ut.

Tips: Prova att använda färska gröna ärter, riven gurka, färsk majs eller alfalfagroddar i stället för mungbönsgroddar.

Zucchinirullar med passionsfrukt & citron

2 zucchinier
2 tsk havssalt
250 g (2 ½ dl) ricottaost
5 passionsfrukter
saften från ½ citron
1 näve basilikablad, grovhackade
nymald svartpeppar

Ger cirka 12 rullar

Om du har läst och provat några av våra recept kanske du har lagt märke till att vi är lite besatta av citron. När vi känner att något saknas i ett recept brukar vi direkt rota igenom fruktskålen efter en citron. Citron passar särskilt bra till ricotta, men vi tycker ju förstås att det är urgott till nästan allt. De här rullarna ser ganska imponerande ut på bufféebordet, men de är förvånansvärt lättlagade.

Skiva zucchinierna tunt på längden, cirka 6 mm. Strö salt över och lägg i ett durkslag i 30 minuter, så att en del av vätskan dras ur. Skölj noga. Lägg zucchiniskivorna på en ren kökshandduk, klappa dem torra och pensla dem med olivolja. Hetta upp en grillpanna på medelhög värme och grilla skivorna i 4 minuter på varje sida, eller tills de är mjuka och har grillränder. Ställ undan och låt svalna.

Lägg ricottan i en bunke. Dela passionsfrukterna, gröp ur kärnor och fruktkött ur 3 av dem och lägg det i bunken. Tillsätt citronsaft, basilika, salt och peppar och blanda allt.

Lägg 1 matsked ricottablandning i ena änden av zucchiniskivorna. Rulla ihop och ställ på ett serveringsfat. Gör likadant med resterande skivor. Toppa med kärnorna och fruktköttet från resterande passionsfrukter.

Röra av röd paprika & rosmarin

3 stora röda paprikor, delade och urkärnade
75 g (1 ½ dl) solrosfrön
en nypa kajennpeppar
havssalt
saften från ½ citron
2 rosmarinkvistar, bladen repade

Ger cirka 250 g

När man rostar paprika förlorar den all sin styrka och syrlighet och får en väldigt mustig, nästan rökig smak som passar bra ihop med rostade solrosfrön och ett stänk kajennpeppar. Även om röran är god på smörgåsar så finns det många fler användningsområden för den. Den passar förbluffande väl till nästan alla maträtter vi lagar, så det är en av de burkar i vårt kylskåp som alltid tar slut på nolltid.

Värm ugnen till 200°.

Dela och kärna ur paprikorna, lägg dem på en plåt och ugnsrosta i ungefär 40 minuter, eller tills de har blivit lite brända. Ta ut ur ugnen och låt svalna.

Rosta under tiden solrosfrön, kajennpeppar och salt hastigt i en stekpanna. Skala paprikorna när de har svalnat helt. Hacka dem och lägg dem i en matberedare eller mixer, tillsätt solrosfrön, citronsaft och rosmarin och mixa till en slät röra. Smaka av och krydda mer om det behövs. Häll röran i en lufttät glasburk. Håller i kylskåpet i upp till 2 veckor.

Pastej av tomat & valnötter

200 g (2 ½ dl) soltorkade tomater i olja, avrunna (om de inte ligger i olja måste de blötläggas tills de blir mjuka)
200 g (5 dl) valnötter, blötlagda i kallt vatten i 6–8 timmar eller över natten
10 salviablad, hackade
havssalt och nymald svartpeppar

Ger cirka 400 g

Det är inte ofta vi avundas köttätare, men när det gäller pålägg till bröd är de vegetariska alternativen mycket mer begränsade (såvida man inte gillar fuskskinka). Visst, vi har ost, sylt och jordnötssmör. Men ibland längtar vi efter något med mer smak, så då gör vi den här pastejen. Den passar perfekt på en skiva mörkt danskt rågbröd (se sidan 58) eller tunt knäckebröd (se sidan 48).

Lägg alla ingredienser och 2 matskedar vatten i en matberedare eller använd en stavmixer. Mixa till en slät röra. Tillsätt lite mer vatten om det behövs för att få en tjock pastej. Lägg den i lufttäta glasburkar. Håller i kylskåpet i ungefär en vecka.

Pesto av broccoli

1 stort broccolihuvud, buketter och stjälk hackade
3 basilika- eller salviakvistar, bladen repade
saften från ½ citron
80 g (drygt 1 ½ dl) hasselnötter (eller rostade kikärter)
2 vitlöksklyftor, skalade
1 ¼ dl kallpressad olivolja
2 msk vatten
havssalt och nymald svartpeppar

Ger cirka 500 g

Broccoli är en sådan där grönsak som många vill koka, men vi föredrar faktiskt att äta den rå. Det här receptet och broccolisallad med granatäpple & russin (se sidan 68) är två exempel på hur gott det kan bli. Vi har uteslutit osten som man vanligtvis hittar i pesto, men om man inte är vegan fungerar det utmärkt med några skivor pecorino här.

Lägg alla ingredienser i en mixer eller matberedare med 2 matskedar vatten och mixa slätt, stoppa och skrapa av röran från sidorna om det behövs. Smaka av och krydda mer om det behövs. Tillsätt mer olivolja eller vatten om röran känns för torr och mer nötter eller kikärter om den är för lös. Häll upp peston i lufttäta glasburkar. Håller i kylskåpet i några dagar. Servera som pålägg eller med pasta.

Knaprig äggsallad med curry

6 ägg (rumstempererade)
en liten näve pumpafrön, rostade
1 rött äpple, delat, urkärnat och skuret i centimeterstora tärningar
10 rädisor, tunt skivade
5 sparrisstjälkar, skurna i centimeterstora bitar
1 stor knippa gräslök, klippt (spara lite till garnering), med blommor om det är säsong

CURRYDRESSING
1 ¼ dl naturell yoghurt
2 msk majonnäs (kan uteslutas)
1 tsk mald curry, eller mer efter tycke och smak
en nypa kajennpeppar
havssalt

4 portioner

Äggsallad är ett oumbärligt pålägg på danska smørrebrød. *Enligt tradition är det en ganska tung sallad, så vi brukar göra en lättare variant med yoghurt och knapriga frukter och grönsaker. Servera äggsalladen på en skiva mörkt danskt rågbröd (se sidan 58).*

Lägg äggen (använd en sked!) i en kastrull med kokande vatten. Sänk till medelstark värme och koka sakta i 7–8 minuter. Rosta pumpafröna i en stekpanna.
Blanda alla ingredienser till currydressingen i en liten skål och ställ undan så länge.
Ta av kastrullen från plattan och kyl äggen under rinnande vatten. Knäck och skala de avsvalnade äggen och hacka dem i centimeterstora tärningar. Lägg dem i en skål tillsammans med resterande ingredienser och dressingen. Rör om försiktigt (så att äggen inte mosas) med en stor slev så att allt täcks ordentligt av currydressingen. Strö en rejäl näve gräslök över och servera.

Smala rotfruktsstavar

500 g rotfrukter, t.ex. morot, sötpotatis, palsternacka, kålrot
2 msk olivolja
en nypa chilipulver, eller mer efter tycke och smak
1 tsk havssalt

4 portioner

Vi äter inte mycket pommes frites hemma, men det kommer nog knappast som en överraskning. Men när vi väl äter det brukar vi laga de här stavarna i stället för den vanliga friterade varianten. De blir fantastiskt spröda och knapriga, trots att de bara har ugnsbakats – mycket tack vare att de är så tunt skivade. De passar utmärkt till våra persiko- & portobelloburgare (se sidan 118).

Värm ugnen till 200°.
Skölj och skala rotfrukterna, eller behåll skalet på om du vill ha knaprigare stavar.
Skär dem i 3 mm tunna skivor på längden, trava sedan skivorna i en hög och skär dem i 3 mm tunna stavar. Klappa dem torra med hushållspapper och lägg dem i en bunke.
Tillsätt olivolja, chilipulver och salt och blanda så att varenda rotfruktsstav täcks av blandningen. Lägg stavarna på två bakplåtspappersklädda plåtar. Bred ut dem i ett lager. Ugnsbaka i ungefär 8 minuter, eller tills de har fått lite färg och är knapriga och bruna i kanterna. Eftersom vi använder olika rotfrukter kan tillagningstiden variera en aning. Håll ett öga på ugnen och ta ut de stavar som redan är klara.

Drycker

"Min favoritdryck? Ha, det är lätt! Dropparna från en söt siciliansk blodapelsin som pressas ner i ett glas. Jag kan inte komma på något godare. Nej, vänta. Två svenska äpplen, från din mosters träd, som körts i vår juicemaskin tillsammans med en bit ingefära. Det är min favoritdryck. Nej, nej, nu vet jag. Den enkla sockerrörssaften som vi fick på den där gatan i Saigon, det …" "Ja, men där har du det," avbryter David mig

Jag frågade honom hur jag skulle inleda det här kapitlet. Och han har en poäng – när jag börjar prata om drycker krävs det en kork för att få mig att sluta. Jag älskar alla möjligheter som ges när man mixar färska frukter och grönsaker till en juice, smoothie, shake eller lassi. Inte undra på att vi har slitit ut tre mixerapparater och en juicemaskin på tre år.

Man kan göra juicer till frukost, juicer för att söta mat och desserter och juicer för att använda i smoothies. Man kan förvandla en oväntad grönsak som broccoli till en väldigt läcker dryck bara genom att väga upp dess smak med lite sötma och en aning syrlighet. Äpple, citron och ingefära brukar fungera bra. I det här kapitlet har vi samlat ihop några av våra bästa juice- och smoothierecept. Dessutom har vi tagit med en alkoholfri cocktail, en fläderblomslemonad och två indiska drycker, en varm och en kall.

– *Luise*

Pärlande cocktail av kombucha

COCKTAIL
- 2 ½ dl kombucha, hemlagad eller färdig
- 2 ½ dl äppelmust, osötad
- 1 ¼ dl krossad is
- 2 rabarberstjälkar, tunt skivade

KOMBUCHA
- 1 l vatten
- 80 g (1 ¼ dl) socker (vi använder rårörsocker)
- 2 påsar grönt eller svart te
- 1 "kombuchasvamp" + 1 ¼ dl flytande kultur (medföljer svampen)

2 portioner

Kombucha är ett enzymrikt, probiotiskt syrat te som man antingen kan göra själv eller köpa färdigt i hälsokostaffärer. Man kan dricka det som det är, tillsätta det i smoothies eller till och med göra isglass av det. Vi älskar de festliga bubblorna som finns naturligt i kombucha. De passar perfekt i en fruktig alkoholfri sommarcocktail. Om man inte sätter i gång en ny sats på en gång måste man skölja ur svampburkarna var fjärde vecka. Lägg bara svampen och kulturen i en skål medan du sköljer ur burkarna med hett vatten, häll sedan tillbaka allt i burkarna. Förvara i rumstemperatur.

KOMBUCHA
Koka 1 liter vatten och låt svalna en aning. Häll upp det i en stor glasburk, tillsätt socker och rör om tills det har löst sig. Tillsätt tepåsarna och låt dra i 15 minuter.

Ta upp tepåsarna och låt blandningen svalna till 25°. Det är viktigt att mäta temperaturen – om vätskan är för varm kommer svampen att dö. Häll kombuchasvampen och kulturen i det avsvalnade teet, täck med muslintyg, fäst med ett gummiband och förvara varmt (i rumstemperatur, cirka 23–25°) i 8–14 dagar. Då kommer det att ha bildats en liten svamp på ytan, små bubblor börjar synas och vätskan smakar lite syrligt. Om drycken fortfarande smakar väldigt sött kan man låta den stå i ytterligare en vecka eller så.

När kombuchan är färdig är det dags att ta upp båda svamparna med en trä- eller plastsked (använd inte metallsked) och skölja dem under ljummet vatten. Lägg svamparna i var sin glasburk tillsammans med 1 ¼ dl av kombuchakulturen (den som du har gjort) och sätt på locket. Häll den nybryggda kombuchan i flaskor och förvara i kylskåpet i upp till en månad.

COCKTAIL
Blanda kombucha och äppelmust i en stor tillbringare med is. Krossa hälften av rabarberskivorna med skaftet på en kniv. Rör ner allt i tillbringaren och servera genast.

Milkshake av choklad & björnbär

15 färska björnbär (eller upptinade frysta bär)
2 frysta bananer (eller färska bananer och 2 isbitar)
2 ½ dl kokosmjölk
1 ¼ dl mandelmjölk eller valfri mjölk
3 msk kakao
1 msk kakaonibs (kan uteslutas)
1 msk nötsmör (se sidan 27)

2 glas

Vi kunde inte skriva den här boken utan att ha med en milkshake. Det skulle inte kännas rätt. Den här chokladvarianten görs med kokosmjölk, som ger en fyllig och krämig konsistens. Vi älskar milkshakes och smoothies i olika lager. De blir finare och mer intressanta att dricka när de olika smakerna sakta blandas vartefter man dricker. Björnbär och choklad passar perfekt ihop, men hallon skulle också fungera riktigt bra.

Fördela björnbären i två glas. Muddla dem (mosa dem försiktigt) i botten av glasen. Man kan använda en mortelstöt eller ett kavelskaft till det. Lägg resterande ingredienser i en mixer och kör på hög hastighet till en skummande milkshake. Häll upp försiktigt i glasen, se till att björnbären ligger kvar på botten. Servera genast.

Tips: Vi brukar skala och skiva överblivna mogna bananer och förvara dem i en burk i frysen. De är perfekta till smoothies och man behöver inte tillsätta någon is.

Grundkurs i juice

Om du aldrig har provat att göra egen juice kommer du att få smaka på något riktigt gott. Även om man kan göra juice i en mixer så rekommenderar vi att man använder en juicemaskin/råsaftcentrifug för att uppnå bästa resultat. Man kan göra juice av de flesta grönsaker och det är ett utmärkt sätt att öka sitt intag av vitaminer och mineraler. Då alla grönsaker inte är så goda på egen hand brukar vi tillsätta lite syrlighet och sötma. Citron ger gröna grönsaker som grönkål, broccoli och spenat en fräsch smak. C-vitaminet förbättrar även kroppens förmåga att ta upp järnet i grönsakerna. Äpple är en av de bästa frukterna för juicning. Det har en väldigt söt smak och avger mycket saft.

2 portioner per recept

Välj några frukter och grönsaker från varje grupp så får du en god och balanserad juice:

Grönsaker:
    grönkål, broccoli, spenat, rödbeta, morot, fänkål, paprika, gurka, tomat, blomkål, sötpotatis, romansallad, stjälkselleri

Söta frukter:
    äpple, päron, melon, persika, plommon, apelsin, körsbär

Syrliga frukter:
    citron, grapefrukt, lime, kiwi

Örter:
    persilja, basilika, citronmeliss, mynta

För extra energi:
    ingefära, pepparrot, vetegräs, lakrits, gurkmeja, saffran

Virgin äppelmojito

3 limefrukter, hackade
10–15 myntablad
1 äpple
2 kiwifrukter
2 ½ dl kolsyrat vatten

Lägg hackade limefrukter och mynta i glasen och muddla (krossa lätt) med en mortelstöt. Pressa äpple och kiwi i en juicemaskin, tillsätt sedan kolsyrat vatten. Servera med några isbitar och sugrör.

Juice av rödbetor & vattenmelon

2 medelstora rödbetor
½ liten vattenmelon
1 näve färsk mynta, bladen repade

Pressa ingredienserna i en juicemaskin. Servera i glas med några isbitar och ett sugrör i varje glas.

Tips:
- Beroende på kvaliteten på din maskin kan det vara lite knepigt att pressa juice av bladgrönsaker och gräs. Ett bra tips är att rulla ihop dem till en hård boll innan de läggs i juicemaskinen.
- Om du inte har någon juicemaskin kan du använda en mixer och sila juicen genom en nötmjölkspåse, ostduk eller finmaskig sil.
- Om du hittar en kombination som du gillar kan du förvandla den till en smoothie genom att tillsätta mjölk, avokado, yoghurt, banan, mango eller frysta bär.
- Det är lätt att göra isglass av juicer och smoothies. Häll juicen i isglassformar, stoppa en pinne i varje och frys in.

Juice av morötter & grapefrukt

3 morötter
1 grapefrukt
1 cm färsk ingefära
1 äpple
½ gul paprika, urkärnad

Pressa ingredienserna i en juicemaskin. Servera i glas med några isbitar och ett sugrör i varje glas.

Juice av hallon & lakrits

2 äpplen
150 g hallon (färska eller upptinade frysta bär)
1 tsk lakritspulver (tillsätts efter pressningen)

Pressa äpplen och hallon i en juicemaskin. Rör ner lakritspulvret och rör om. Servera i glas med några isbitar och ett sugrör i varje glas.

Grön renande energishot

2 äpplen
1 cm färsk ingefära
1 citron
½ fänkålsstånd
1 tsk vetegräspulver
en nypa mald gurkmeja

Pressa äpplen, ingefära, citron och fänkål i en juicemaskin. Rör ner vetegräspulver och gurkmeja. Servera i glas med några isbitar och ett sugrör i varje glas.

Sött masala chai-te

2 ½ dl vatten
2 kanelstänger
6 kryddnejlikor
6 kardemummakapslar, delade
2 stjärnanis
1 skiva färsk ingefära
2 msk svart eller grönt lösviktste
1–2 msk kokossocker
2 ½ dl hasselnöts- eller mandelmjölk (se sidan 27) eller använd färdig mjölk

4 portioner

Det här heta teet är så smakrikt. Vi älskar när doften av kanel, stjärnanis, kardemumma och kryddnejlika fyller vårt kök medan chaiteet sjuder på spisen. Vi kokar det med vår egen hasselnötsmjölk och det smakar lika gott en het sommardag som en mörk och kall vinterkväll.

Häll 2 ½ dl vatten och kryddorna i en kastrull och koka upp sakta, sänk sedan värmen och låt sjuda i 15 minuter. Ta av från plattan, tillsätt te och kokossocker och låt dra i 5–7 minuter. Sila bort kryddor och teblad och rör om. Tillsätt nötmjölk, värm upp teet igen tills det knappt sjuder, häll sedan upp det i koppar och servera.

Smoothies

Som vi nämnde tidigare gör vi smoothies nästan varje dag. De är olika beroende på årstid och på vad vi har hemma i kylskåpet, frysen och fruktkorgen. Här är två olika varianter: den uppiggande smoothien är ganska avancerad, medan den klassiska bärsmoothien är enklare. Vi varierar dem genom att tillsätta supermat av olika slag: pulver, frön, nötter, ärt- eller hampaproteinpulver och örter.

2 portioner per recept

Uppiggande smoothie

½ ananas
½ tsk grönt snabbtepulver
5 broccolibuketter
en näve persilja
1 cm färsk ingefära, skalad
2 ½ dl osötad äppelmust eller vatten (beroende på hur söt du vill ha smoothien)
3 isbitar

Lägg alla ingredienser i en mixer och kör till en slät och fin smoothie. Häll upp i 2 glas och servera genast.

Klassisk bärsmoothie

125 g (2 ½ dl) färska bär (eller upptinade frysta bär)
4 msk torkade gojibär
1 banan
3 ½ dl havremjölk (eller valfri mjölk)
1 tsk vaniljessens

Lägg alla ingredienser i en mixer och mixa till en slät och fin smoothie – tillsätt mer mjölk om du vill ha den tunnare. Häll upp i 2 glas och servera genast.

Lassi med saffran, nypon & honung

3 ½ dl yoghurt
1 ¼ dl vatten
2 msk flytande honung
2 tsk nyponpulver (eller ½ tsk mald kanel)
1 tsk bipollen (kan uteslutas)
½ tsk nystötta kardemummakärnor
2 nypor saffran
en nypa salt
2 isbitar

2 portioner

I Indien dricker man ofta lassi till måltider. Det är precis vad man behöver efter en kryddstark currygryta. När vi reste runt i Indien smakade vi på åtminstone ett dussin olika varianter. Förutom den traditionella saltade lassin och den smoothieliknande fruktlassin använder de även mer komplexa smaker som rosenvatten, honung eller saffran. Vi har kombinerat några av de smakerna i vår version. Man kan köpa nyponpulver i de flesta hälsokostaffärer, om du inte hittar det kan du utesluta det eller ta kanel i stället.

Blanda alla ingredienser i en mixer. Mixa stötvis till en lätt och slät skummande dryck. Smaka av och tillsätt mer saffran om det behövs. Häll upp i två stora glas och servera genast.

Lemonad av fläderblom

40 fläderblomskronor
3 citroner
2 l vatten
2 ½ dl flytande honung

Du behöver också:
1 bit ostduk/muslinduk till en finmaskig sil
1 stor bunke
flaskor

Ger 2 liter lemonad

Fläder har en helt underbar doft. På våren kan man se blommande fläderträd överallt i Stockholm – det är bara att blunda och följa doften så hittar man ett träd. Vi rekommenderar dock inte att man plockar fläderblommor i storstäder. Gå på jakt utanför stadens gränser om du kan. Vi har aldrig riktigt förstått varför man i alla recept dränker fläderblommornas underbara smak i socker. Det behövs inte i sådana absurda mängder. Vår lemonad är därför hälften så söt, men dubbelt så smakrik.

Skaka fläderblommorna försiktigt för att bli av med eventuella småkryp eller skräp.

Skär citronerna i tunna skivor. Varva fläderblommor och citronskivor i en stor rymlig kastrull eller hink. Koka upp 2 liter vatten i en stor kastrull. Tillsätt honung och rör om tills den har löst sig, häll sedan vattnet över fläderblommor och citronskivor.

Låt dra på sval plats i 48 timmar, rör om en gång om dagen. Låt dra längre om du vill ha mer koncentrerad smak.

Sila vätskan genom en ostduk eller en bit muslintyg och ner i en stor bunke. Häll lemonaden i rena flaskor med hjälp av en tratt och ställ in dem i kylskåpet.

Oöppnade flaskor håller i åtminstone några veckor. Servera med kolsyrat vatten efter tycke och smak.

Tips: Man kan frysa in blommorna och tillsätta dem i smoothies eller göra mer lemonad när det inte är säsong.

Sötsaker

Jag har en märklig ovana som jag inte ens tänker på, men som gör Luise galen. Uppenbarligen lämnar jag alltid kvar en liten bit av det jag lagar/bakar/äter. Det kan vara två skedar av en sallad i en skål, fyra jordgubbar i kartongen eller en matsked mjöl i påsen när jag bakar. Min egen teori är att jag tänker att det är bra att spara det till senare. Men ärligt talat får vi bara löjligt små portioner rester kvar och halvtomma mjölpåsar i skafferiet. Om du provar någon av godsakerna eller godiset i det här kapitlet kommer det förhoppningsvis inte att bli några rester kvar. Vi håller tummarna för att du och din familj kommer att slicka ur alla skålar, be om en portion till och sträcka er efter den sista biten.

Alla våra desserter innehåller naturlig sötning, bakas med fullkorn och här och där har vi till och med tillsatt lite grönsaker. Vår avsikt är inte att göra något mindre smaskigt än vad du är van vid. Vi anser att ett bakverk som kombinerar rödbetans diskreta arom med lyxig mörk choklad, dinkelmjölets mjuka konsistens och lönnsirapens rostade toner är mycket mer spännande och smakrik än alla sockerkakor och rulltårtor här i världen. Vi brinner för naturliga smaker och hoppas att vi också kan få dig att fastna för det, oavsett om du provar vår kalla bärsoppa, våra dinkelbullar med äpple eller våra hallondoftande chokladbrownies.

– *David*

Dinkelbullar med äpple & kardemumma

1 msk torrjäst
½ msk kardemummakärnor, nystötta
en nypa havssalt
50 g osaltat smör eller kokosolja
2 ½ dl sojamjölk (eller valfri mjölk)
5 msk flytande honung eller lönnsirap
250 g (5 dl) ljust dinkelmjöl
150 g (2 ½ dl) fullkornsdinkel

FYLLNING
50 g rumstempererat osaltat smör eller kokosolja
1 ¼ dl osötat äppelmos
1 rivet äpple, pressa ur överflödig vätska
2 msk kokosflingor
½ msk kardemummakärnor, nystötta
uppvispat ägg till pensling

Cirka 15 bullar

Jag minns när min mormor stod i sitt bondkök med en kavel i handen och en dubbel sats kanelbullar som skulle kavlas ut på ett mjölat bakbord. Och jag minns hur jag åt den där första heta bullen som precis hade tagits ut ur ugnen. Inget kunde glädja en 6-årig pojke mer. Det här är ett nyttigare sätt att baka traditionella kanelbullar. Eftersom bullarna inte är supersöta har vi kompenserat det med mer fyllning. Vi har också moderniserat smakerna genom att tillsätta äpple, kokos och nystött kardemumma. Om du bakar de här bullarna måste du äta den första bullen precis när den har tagits ut ur ugnen. Det finns inget som går upp mot det.
– David

Rör ner jäst, kardemumma och salt i en stor bunke och ställ undan så länge. Smält smöret i en kastrull, tillsätt mjölk och honung och värm till ungefär 40°. Häll blandningen över jästen och rör om tills den har löst sig.

Sikta mjölet och tillsätt ungefär två tredjedelar av det i jäst- och mjölkblandningen. Rör om till en deg. Knåda successivt in mer mjöl tills degen är mjuk och inte längre kladdig. Knåda inte för mycket. Lägg en bakduk över bunken och låt jäsa varmt i ungefär en timme, eller tills degen har fördubblats i storlek.

Kavla och sträck ut degen till en rektangel, cirka 50 x 45 cm och 5 mm tjock, på mjölat bakbord.

Bred ut smör och äppelmos jämnt över hela degen och strö rivet äpple, kokos och kardemumma över. Lyft försiktigt upp en tredjedel av degen (närmast dig) och vik den två tredjedelar upp, vik sedan ner den övre tredjedelen. Nu ska du ha en rektangel som är ungefär 50 x 15 cm. Skär degen i ungefär 3 cm tjocka remsor med en vass kniv.

Ta upp en degremsa i taget och sträck ut och vrid den försiktigt (så att fyllningen inte ramlar ut), knyt en lös knut av den och stick in ändarna i mitten. Lägg bullarna på bakplåtspapperklädd plåt, lägg en bakduk över och låt jäsa i 30 minuter.

Värm ugnen till 225°. Pensla bullarna med uppvispat ägg och grädda dem gyllenbruna, 10–12 minuter.

Lyxig chokladkaka med rödbetor

1 ½ dl kallpressad olivolja
1 ¼ dl lönnsirap eller flytande honung
50 g mörk choklad (75 % kakaohalt), i bitar
250 g (5 dl) rå rödbeta eller 3–4 medelstora, rivna
3 ägg
200 g (3 ¾ dl) ljust dinkelmjöl
2 tsk bakpulver
5 msk kakao
en nypa havssalt
1 msk kokosflingor

10 portioner

Jag har bakat chokladkakor sedan jag var tonåring. När jag var som mest besatt bakade jag faktiskt två eller tre chokladkakor i veckan, så jag tror att jag är ganska erfaren på det här området. Trots att den här kakan innehåller mycket mindre socker än chokladkakorna som jag bakade som tonåring har den mycket mer smak. Bli inte avskräckt av rödbetorna. De smakar inte alls konstigt – de rentav fördjupar chokladsmaken.
– David

Värm ugnen till 180°.

Värm upp oljan i en kastrull på mycket låg värme. Tillsätt lönnsirap och choklad och rör om tills chokladen har smält. Ta av från plattan. Tillsätt rivna rödbetor och rör om så att allt blandas. Vispa upp äggen i en liten skål och häll dem sedan i kastrullen.

Sikta ner mjöl, bakpulver, kakao och salt i en annan skål och rör ner det i rödbetssmeten.

Smörj en sockerkaksform (20 cm), med eller utan hål, med lite olja. Strö kokosflingor på sidorna så att smeten inte fastnar. Häll kaksmeten i formen och grädda i 25–30 minuter, eller tills kakan har blivit lite mörk och sprucken ovanpå och fortfarande är aningen kladdig inuti.

Låt svalna i 15 minuter, stjälp sedan upp kakan försiktigt ur formen.

Kakan är fantastiskt god när den är varm, men man kan låta den svalna och förvara den i kylskåpet i 2–3 dagar.

Cupcakes med morot, kokos & banan

80 g osaltat smör
4 msk lönnsirap eller agavesirap
1 tsk kardemummakärnor, nystötta
1 tsk mald kanel
1 tsk mald kryddpeppar
½ vaniljstång eller ½ tsk vaniljessens
150 g (3 ½ dl) mandel, mald
60 g (1 ¼ dl) kikärtsmjöl (besanmjöl) eller annat glutenfritt mjöl
50 g (1 ¼ dl) kokosflingor
2 tsk bakpulver
200 g morot (cirka 4 stycken), riven
1 stor mogen banan
4 äggvitor

GLASYR
200 g (2 ½ dl) färskost
3 msk flytande honung
saften från ½ limefrukt
15 hasselnötter, grovhackade

Cirka 12 cupcakes

Dessa cupcakes är fullproppade med underbara varma kryddor. Doften av kardemumma, kanel och kryddpeppar flödar ut ur dem när man tar ut dem ur ugnen. Vi använder bara äggvitor och inte särskilt mycket mjöl i det här receptet, vilket gör dem väldigt lätta och luftiga. Muffins och cupcakes är alltid godast dagsfärska. Om man ska ha fest kan man förstås baka dem en dag i förväg, men det finns inget som slår smaken av en alldeles nygräddad cupcake.

Värm ugnen till 180°. Lägg 12 muffinsformar i ett muffinsbleck. Smält smöret på låg värme i en liten kastrull. Tillsätt lönnsirap och alla kryddor och rör om ordentligt. Ställ undan och låt dra i 10 minuter. Lägg mald mandel i en bunke och tillsätt kikärtsmjöl, kokosflingor och bakpulver.

Lägg riven morot och banan i en mixer och mixa tills bananen har mosats helt och blandats med moroten (man kan även göra detta för hand). Häll smeten i bunken och rör om ordentligt så att allt blandas.

Vispa äggvitorna till ett mjukt skum. Vänd ner dem i mjölblandningen, tillsätt sedan det kryddade smöret och rör till en slät smet. Klicka ut smeten i muffinsformarna och grädda i 25–30 minuter eller tills de är gyllenbruna.

Gör under tiden glasyren: Vispa ihop färskost, honung och limesaft i en liten skål.

Låt kakorna svalna på galler innan glasyren breds eller spritsas på. Garnera med grovhackade hasselnötter.

Enkel chokladmousse

2 mogna avokador, delade, urkärnade och skalade
3 mogna bananer
80 g nötsmör (se sidan 27)
30 g (4 msk) kakao
2 msk carobpulver (eller mer kakao)
2 msk hampafrön (kan uteslutas)
en nypa havssalt
färska bär, till servering

4 portioner

Den här veganska chokladmoussen är väldigt långt ifrån en traditionell mousse. För det första är den löjligt enkel att laga, det tar bara 3 minuter. Inga av de vanliga ingredienserna (vispgrädde, choklad, ägg, smör) används – i stället kommer krämigheten och sötman från avokado och banan och smaken från nötsmör och kakao. Vi brukar använda mandelsmör, men när vi inte har det hemma använder vi jordnöts- eller hasselnötssmör.

Lägg alla ingredienser i en mixer eller matberedare. Mixa i ungefär 30 sekunder eller tills smeten har mousseliknande konsistens. Lägg upp i glas eller små kaffekoppar och ställ in i kylskåpet i 30 minuter. Servera med färska bär.

Tips: Kakao och carobpulver kompletterar varandra, både vad gäller smak och näringsvärde. Kakao innehåller mycket magnesium, carob mycket kalcium.

Hallon-doftande choklad-brownie

25 färska medjooldadlar, urkärnade
½ dl kokosolja
2 msk lönnsirap
2 msk vatten
5 msk kakao
2 tepåsar hallonbladste (vi använder Clipper eller Yogi), öppnade
½ tsk havssalt
150 g (3 dl) valnötter, grovhackade

CHOKLADGLASYR
½ dl mjuk kokosolja
2 msk lönnsirap
5 msk kakao

Färska hallon till servering

6 portioner

Chokladälskare kolla hit! Den här raw-brownien består av dubbla lager choklad och har en subtil smak av hallon. Den ser också galet imponerande ut och passar därför utmärkt som efterrätt på finmiddagar. Ibland gör vi en vintrigare variant med chai-te istället för hallonbladsteet. Båda är fantastiskt goda.

Smörj sex tartelettformar med löstagbar kant (10 cm) eller en stor kakform med löstagbar kant (23 cm) med kokosolja.
Mixa alla ingredienser till kakorna utom valnötterna i en matberedare med 2 matskedar vatten. Om matberedaren inte är tillräckligt stark för att mixa allt samtidigt kan man dela upp smeten i tre omgångar och blanda dem efteråt. Tillsätt nötterna och blanda smeten med händerna. Fördela smeten i tartelettformarna (eller i den stora formen). Smörj in händerna med lite kokosolja så att smeten inte fastnar, platta sedan ut den i formarna. Den ska vara ungefär 1 cm tjock. Ställ in formarna i kylskåpet och låt stelna i minst 30 minuter. Om man plastar in dem håller de i ett par dagar.
Mot slutet av kylningen är det dags att börja med chokladglasyren. Smält kokosolja och lönnsirap på låg värme i en liten kastrull. Tillsätt kakaon under omrörning.
Ta ut kakorna ur kylskåpet. Häll chokladglasyren över och servera genast, så att dina gäster kan se hur chokladen stelnar. Det brukar ta ungefär 2 minuter. Garnera med några hallon, ta försiktigt bort kanten på formarna och, ja, hugg in!

Tips: Vi använder ofta örtteer i stället för kryddor när vi behöver smaker som kan vara lite knepiga att hitta. Örtteerna kamomill, chai, pepparmynta och nypon ger desserter, soppor och bröd intressanta smaker.

Fryst jordgubbs-cheesecake med solrosbotten

8–10 bitar

BOTTEN
- 300 g (6 dl) solrosfrön
- 2 msk hampafrön (kan uteslutas)
- 12 färska medjooldadlar, urkärnade
- 2 msk kokosolja
- ½ tsk havssalt

FYLLNING
- 300 g (5 dl) färska jordgubbar (eller osötade frysta jordgubbar)
- saften från ½ citron
- 1 ¼ dl flytande honung eller agavesirap
- 250 g kesella/kvarg (eller grekisk yogurt)
- 250 g mascarpone

GARNERING
- 250 g (2 ½ dl) färska jordgubbar
- några ätliga blommor (se tips)

Jag tror inte att vi någonsin har serverat den här tårtan till någon som inte har älskat den från första tuggan. Därför har den blivit ett av våra säkra kort för alla möjliga tillfällen. Förut brukade vi ha nötter i bottnen, men på senare tid har vi gått över till den här fröbaserade bottnen. Den har en helt underbar smak och konsistens, dessutom är den allergivänlig och glutenfri. Eftersom bottnen är väldigt söt behöver inte fyllningen vara det. Om man vill variera receptet kan man prova sig fram med yoghurt, färskost eller kokosgrädde av olika slag. Man kan också variera färgen på fyllningen genom att tillsätta olika bär. Om man ska ha stor fest kan man göra flera tårtor: en blåbärsblå, en kiwigrön, en mangogul och så vidare …

Rosta solrosfröna i en stekpanna på låg värme, eller på en plåt i ugnen vid 180°, i 6–8 minuter. Låt svalna i några minuter. Lägg dem sedan i en matberedare eller mixer tillsammans med hampafröna. Mixa stötvis i ungefär 20 sekunder. Fröna ska vara hackade men inte pulveriserade. Tillsätt dadlar, kokosolja och salt och mixa till en sammanhängande kladdig deg. Eller mosa dadlarna till en slät massa och rör ner i resterande ingredienser. Lägg degen i en kakform med löstagbar kant (20 cm) och platta ut den över hela bottnen. Ställ in i kylskåpet medan du blandar till fyllningen.

Mixa jordgubbar, citronsaft och honung i en matberedare eller mixer, häll upp i en stor skål och tillsätt kvarg. Rör om ordentligt. Häll fyllningen ovanpå solrosbottnen i kakformen och ställ in den i frysen i 1 ½ timme. Man kan förvara den i frysen i flera dagar, men den måste tinas i ungefär 20 minuter innan den serveras.

Garnera tårtan med jordgubbar och några blommor.
Servera genast.

Tips: Förslag på ätliga blommor: violer, ringblommor, rosor, nypon, maskrosor, nejlikor, lavendel, blåklint, luktärt, daglilja och kamomill. Även om blommorna är ätliga så använder vi dem främst som dekoration.
Tips: Veganer kan byta ut kvargen mot vegansk färskost.

Frukt-remmar

RÖDA HALLONREMMAR
- 300 g (6 dl) hallon, färska, upptinade eller frysta
- 1 banan
- 1 msk osötat äppelmos

GULA MANGOREMMAR
- 1 stor mango
- 2 apelsiner
- 10 torkade osvavlade aprikoser

Ger 1 bricka/20 remmar

De ser ut, känns och smakar som godis, men den enda ingrediensen i våra remmar är frukt. Vi har tagit med remmarna när några av Elsas vänner har haft födelsedagskalas och de har alltid gjort succé. Det här är två recept, men man kan skapa oändligt många färg- och smakkombinationer genom att byta frukt. De ska torkas i ugnen i 5–6 timmar på lägsta temperatur, så vi brukar göra två eller tre satser åt gången. Om du har en torkugn är det dags att damma av den nu. Täck torkugnens brickor med teflexark och häll på purén. Bred ut i ett jämnt lager, ungefär 5 mm tjockt. Torka i 6–7 timmar i 45° eller tills purén är helt torr. Dra loss den torkade fruktpurén från teflexarket.

Börja med hallonremmarna: Lägg bär, banan och äppelmos i en mixer eller matberedare. Mixa slätt på hög hastighet. Smaka av och tillsätt mer söt frukt (äppelmos eller banan) om det behövs. Kontrollera nu konsistensen – det ska gå att hälla purén, men den ska vara så pass tjock att den inte flyter ut. Tillsätt lite apelsinjuice eller vatten om den är för tjock och mer frukt om den är för lös.

Värm ugnen till lägsta temperatur. Klä två plåtar med bakplåtspapper eller en silikonmatta om du har.

Häll purén på en av plåtarna – 5 dl fruktpuré räcker för att täcka den. Bred ut purén i ett jämnt lager med en slickepott – det här är oerhört viktigt, för annars blir remmarna för torra på ett ställe och för blöta på ett annat. Lagret ska vara ungefär 5 mm tjockt. Gör nu mangoremmarna på samma sätt. Ställ in plåtarna i ugnen. Öppna ugnsluckan en gång i timmen för att släppa ut fukt och byta plats på plåtarna. Remmarna är klara när purén inte längre är kladdig och kan lyftas från bakplåtspapperet, vanligtvis efter 5–6 timmar, beroende på ugn. Vi drar försiktigt loss den torkade fruktpurén från bakplåtspapperet innan vi skär remmarna eftersom vi tycker att de blir finare då, men det går bra att låta papperet sitta kvar. Använd en sax eller en vass kniv för att skära 2 ½ x 15 cm stora remmar, rulla sedan ihop dem. Förvara svalt i lufttät burk i upp till en månad.

Granita av melon med citron & mynta

1 kg cantaloupemelon
saften från ½ citron
1 ¼ dl äppelmust (eller honung, men ta då något mindre mängd)
10 myntablad

4–6 portioner

När jag träffade David i Rom gick vi ofta ut och åt citrongranita. Det är en typiskt italiensk dessert som är väldigt uppfriskande i sommarhettan eller efter en rejäl middag. Den är faktiskt också enkel att laga. Man måste vispa den till rätt konsistens, men resten av jobbet gör frysen. Och om man använder söt frukt i säsong behövs det inget socker.
– Luise

Dela melonen, kärna ur den och gröp ur fruktköttet med en sked. Lägg det i en mixer eller matberedare tillsammans med resterande ingredienser. Mixa stötvis till en slät puré. Smaka av och kontrollera att frukten är tillräckligt söt. Tillsätt annars mer äppelmust. Häll purén i en låg form, lägg på ett lock och frys in. Ta av locket efter ungefär en timme och vispa smeten med en gaffel. Iskristallerna som har bildats måste sönderdelas. Ställ in formen i frysen igen. Vispa igen var 30:e minut de 3 närmaste timmarna. Nu bör granitan ha rätt konsistens och kan serveras. Granitan kan förvaras i frysen i några dagar, men kom ihåg att titta till den då och då och vispa den med en gaffel så att den behåller rätt konsistens.

Protein-stänger av hampa

TORRA INGREDIENSER
160 g (2 ½ dl) pumpafrön
100 g (2 ½ dl) kokosflingor
80 g (1 ¼ dl) hampafrön
50 g (1 ¼ dl) hampaproteinpulver (eller mer hampafrön)
50 g (1 dl) chiafrön
2 msk bipollen (valfritt), kan uteslutas om man är vegan

BLÖTA INGREDIENSER
20 färska medjooldadlar, urkärnade
1 dl kokosolja
30 g (4 msk) kakao
1 tsk vaniljessens

40 g (6 msk) havregryn
2 msk vallmofrön

Ger cirka 15 stänger

Det här är ett av de mest uppskattade och kommenterade recepten på vår blogg. Stängerna är inte bara riktigt goda som mellanmål för både barn och vuxna, utan vi slår även in dem i papper och äter dem efter ett träningspass. De är söta på ett väldigt härligt och närande sätt och är fullproppade med protein.

Mixa stötvis de torra ingredienserna hastigt i en matberedare eller höghastighetsmixer. Mixa inte för mycket, blandningen får gärna vara lite knaprig. Häll allt i en bunke och ställ undan så länge.
Lägg de blöta ingredienserna i matberedaren eller höghastighetsmixern och mixa till en puré. Det kan ta lite tid. Om mixern inte är tillräckligt stark kan man behöva röra om med en gaffel några gånger eller tillsätta en skvätt vatten.
Häll de blöta ingredienserna över de torra, tillsätt havregryn och vallmofrön och rör om ordentligt tills allt har blandats.
Bred ut smeten i en bakplåtspappersklädd form (28 x 18 cm) och platta till så att den blir kompakt. Ställ in i kylskåpet i ungefär 30 minuter. Skär upp i stänger, slå in dem i papper och förvara i lufttät burk. Håller i cirka en vecka i kylskåpet.

Tips: Om man inte har en höghastighetsmixer kan man lägga de urkärnade dadlarna på en tallrik och mosa dem med en gaffel till en kladdig och slät kolaliknande smet. Det tar några minuter. Tillsätt sedan resterande ingredienser en i taget och knåda för hand tills allt har blandats ordentligt.

SÖTSAKER

Vanilj-persikor med strössel av pistasch

5 mogna persikor
4 msk torr vermouth
4 msk flytande honung
1 vaniljstång
60 g (1 dl) skalade pistaschnötter, finhackade
vaniljglass, yoghurt eller mascarpone till servering

5 portioner

När jag var liten brukade min pappa tända eld på bananer i stekpannan genom att hälla alkohol på dem. Det var hans lilla trick och vi blev vansinnigt imponerade varje gång. Vi bad honom göra det ofta, trots att vi egentligen inte var särskilt förtjusta i smaken på bananerna. I dag har jag lärt mig att älska de där smakerna. Jag tänder inte eld på mina persikor, men jag tycker att de blir en ganska bra dessert ändå.
– David

Värm ugnen till 200º.
Dela persikorna och kärna ur dem. Lägg persikohalvorna i en långpanna med snittytan uppåt.
Häll vermouth och honung i en liten skål. Dela vaniljstången på längden, skrapa ur fröna och lägg dem i skålen. Vispa tills allt har blandats. Tillsätt pistaschnötterna och rör om.
Lägg en tesked honungsindränkta nötter mitt i varje persikohalva. Ringla resterande vermouthsås över persikorna, tills de har täckts helt. Ugnsbaka i ungefär 20 minuter, eller tills de är väldigt mjuka och har fått lite färg.
Servera med vaniljglass, yoghurt eller mascarpone.

Kall röd bärsoppa med grädde

1 kg mogna röda bär (t.ex. jordgubbar, hallon, röda vinbär, lingon)
1 vaniljstång, urskrapad (eller 2 tsk vaniljessens)
2 ½ dl vatten
25 färska medjooldadlar, urkärnade
2 ½ dl havregrädde (eller valfri sort) till servering

4–6 portioner

Trots att David är ganska bra på att tala danska finns det en mening som han aldrig kommer att kunna uttala som en riktig dansk. Det är namnet på den här soppan: Rødgrød med fløde. Det är bara en sådan där omöjlig dansk mening. Den ordagranna översättningen är faktiskt röd gröt med grädde, men det är snarare en fyllig soppa än gröt. Oavsett vad den heter så är den perfekt för heta sommardagar. Vår version är ganska olik den traditionella eftersom vi reder soppan med dadlar och hela bär i stället för att tillsätta socker och stärkelse.
– Luise

Lägg bär, vanilj och 2 ½ dl vatten i en kastrull. Koka sakta upp på låg värme, tills det sjuder. Mosa de urkärnade dadlarna till en slät röra med en gaffel på en tallrik och lägg dem i kastrullen. Låt sjuda i ungefär 10 minuter – bären och dadlarna ska nästan ha lösts upp. Ta av kastrullen från plattan och mixa soppan med stavmixer. Lägg en finmaskig sil över en stor skål i diskhon. Sila soppan för att få bort alla frön. Tryck den fylliga soppan genom silen med baksidan på en sked. Det hela tar några minuter.
Låt soppan stå i kylskåpet i några timmar tills den har kallnat helt. Servera i djupa tallrikar eller soppskålar med grädde (havre-, nöt-, kokos- eller ko-) ringlad ovanpå.

Chokladtryfflar med spirulina

20 stora färska medjooldadlar, urkärnade
2 msk kallpressad olivolja
2 msk kokosflingor
2 msk kakao
1 msk spirulinapulver eller vetegräspulver

TILL RULLNINGEN
20 mandlar, grovhackade, eller 3 msk kokosflingor eller 3 msk kakao

5 portioner

När vi vill ha snabblagat godis brukar vi göra raw food-tryfflar genom att mixa färska dadlar med nötter eller frön, olika kryddor och kakao. Det är ett enkelt recept som aldrig misslyckas och som vi anpassar beroende på vad vi har hemma i skafferiet. De är perfekta som kvällsgodis eller mellanmål. Ibland gör vi dem extra fina och rullar dem i olika tillbehör och ger bort dem i present. Rullningen är Elsas favoritmoment. Spirulina är supermat som kan vara svår att använda eftersom den smakar alger, men de här tryfflarna är så smakrika att det näringsrika spirulinapulvret bara smälter in.

Lägg dadlarna på en tallrik och mosa dem med en gaffel till en kladdig och slät kolaliknande smet. Man kan även mosa dem i en matberedare. Tillsätt resten av ingredienserna och knåda (eller mixa stötvis) tills allt har blandats ordentligt.
Kyl smeten i ungefär 10 minuter.
Rulla 15–20 tryffelkulor med händerna – de ska vara hälften så stora som en golfboll. Rulla tryfflarna i hackad mandel, kokosflingor eller kakao och låt dem stå i kylskåpet i 20 minuter innan de serveras.

Pannkakstårta med sommarbär

10 bitar

PANNKAKSSMET
200 g (4 dl) bovetemjöl
3 stora ägg
5 dl sojamjölk eller valfri mjölk
2 ½ dl vatten
1 msk kokosolja, plus mer till stekning
en nypa havssalt

FYLLNING
3 mogna bananer, tunt skivade
225 g (3 ¾ dl) hallon, mosade med en gaffel
225 g (3 ¾ dl) björnbär, mosade med en gaffel
125 g (1 ½ dl) nötsmör (se sidan 27)
1 ¼ dl raw dadelsirap (se sidan 30)
5 dl vispgrädde (ko-, havre- eller soja-), kyld

GARNERING
150 g (4 dl) hallon
125 g (4 dl) björnbär
2 msk hackade pistaschnötter

Jag har gjort olika versioner av den här tårtan sedan jag var liten och jag tröttnar aldrig på den. Jag tycker att den är så vacker med alla dessa pannkakor i en enda hög, och bär och grädde som rinner ut längs kanten. Vanligtvis lägger man sylt mellan lagren, men vi lägger i stället dit färsk frukt, nötsmör och dadelsirap. Pannkakorna ska vara riktigt tunna, så vi använder en stekpanna med non stick-beläggning när vi lagar dem. Om man vill kan man steka pannkakorna en dag i förväg och göra tårtan strax innan den serveras.
– David

Gör pannkakssmeten så här: Häll alla ingredienser och 2 ½ dl vatten i en stor bunke och vispa kraftigt till en slät smet. Se till att det inte blir några klumpar. Kyl smeten i 20 minuter. Mjölet brukar sjunka till botten, så vispa smeten ordentligt när den har tagits ut ur kylskåpet.

Hetta upp en stekpanna, helst med non stick-beläggning, på medelhög värme. Låt pannan bli riktigt het, tillsätt sedan några droppar olja och cirka ¾ dl smet. Vicka på pannan tills smeten har fördelats jämnt. Stek i 45–60 sekunder på varje sida, tills pannkakorna är gyllenbruna och med lätthet kan vändas med en stekspade. Stek alla pannkakor – smeten räcker till cirka 15 stycken – och låt dem sedan svalna på bakplåtspapper. Man kan lägga bakplåtspapper mellan pannkakorna så att de inte fastnar i varandra.

Gör tårtan så här: Häll den kalla grädden i en stor, kyld bunke. Vispa upp grädden med elvisp eller visp. Ställ undan så länge.

Lägg den första kalla pannkakan på ett tårtfat. Lägg ett jämnt lager tunna bananskivor ovanpå. Lägg på en till pannkaka och bred ut en tredjedel av de mosade hallonen ovanpå. Lägg på nästa pannkaka och bred ut en tredjedel av de mosade björnbären. Lägg på ytterligare en pannkaka och bred försiktigt ut ett tunt lager nötsmör och dadelsirap på den. Lägg på ännu en pannkaka och bred ut ett lager vispad grädde. Börja sedan om igen med bananlagret. Fortsätt tills alla pannkakor är täckta. Garnera tårtan med vispad grädde, färska bär och finhackade pistaschnötter.

REGISTER

A

acaipulver 12
adzukibönor 8
amarant 7
    fyllda tomater med amarant & halloumi 152
ananas
    uppiggande smoothie 197
apelsin
    apelsindressing 76
    frökex med apelsinkyss 164
    apelsinquinoafyllning 98
aprikoser
    fyllning av söt aprikos 142
    indisk daal med söta aprikoser & blomkål 115
    osvavlade 10
    torkade 10
arrowrot 11
aubergine
    baba ganoush 158
    rotfruktsmos med enbärsmarinerad aubergine 149
    röd siciliansk fyllning 142
    ungspaket med hasselnöt, aubergine & svamp 126
avokado
    enkel chokladmousse 214
    frukostskål 46
    guacamole 118
    savojtacos med fyllning av majs & mango 82

B

baba ganoush 158
bakpulver 11
baljväxter 8–9
balsamvinäger 7
banan 10
    cupcakes med morot, kokos & banan 213
    enkel chokladmousse 214
    klassisk bärsmoothie 197
    milkshake av choklad- & björnbär 180
    mjölfria pannkakor med banan & kokos 45
    pannkakstårta med sommarbär 235
belugalinser 8
    sallad med belugalinser, rabarber & sparris 107
bikarbonat 11
bipollen 12
björksocker 10
björnbär
    milkshake av choklad & björnbär 186
    ugnsbakad knaprig gröt med björnbär 37
blomkål
    indisk daal med söta aprikoser & blomkål 115
    pizza med botten av blomkål 86
    quinoabiffar med blomkål och ramslök 71
blåbär
    bovetegröt med ingefära 57
    mjölfria pannkakor med banan & kokos 45
bondbönor
    pyttipanna med bondbönor 129
borlottibönor 8–9
bovete, helt 7
    bovetegröt med ingefära 57
    bovetegröt 7
bovetemjöl 11
broccoli
    broccolisallad med granatäpple & russin 68
    pesto av broccoli 175
    uppiggande smoothie 197
bröd
    mörkt danskt rågbröd 58
    picknickbröd med fyllning av äpple & svamp 100
    tunt knäckebröd 48
buljong, grönsaks- 28
bullar
    dinkelbullar med äpple & kardemumma 208
burgare, persiko- & portabello- 118
butternutpumpa
    gryta med rabarber, äpple & pumpa 116
bär
    granola med blommor 51
    kall röd bärsoppa med grädde 231
    klassisk bärsmoothie 197

pannkakstårta med sommarbär 235
bönor, torkade 8–9
    bönotto med ostronskivling & spenat 146
    groddning 28
    koka bönor 28

C

cannellinibönor 9
    bönotto med ostronskivling & spenat 146
carobpulver 12
cashewnöt 7
    cashew- och tomatdressing 131
    cashewnötsdressing 65
    raw food-gräddfilssås 82
ceviche
    ceviche av groddar 167
chai-te
    sött masala chai-te 194
cheesecake
    fryst jordgubbscheesecake med solrosbotten 218
chiafrön 12
choklad
    chokladglasyr 217
    chokladtryfflar med spirulina 232
    enkel chokladmousse 214
    hallondoftande chokladbrownie 217
    lyxig chokladkaka med rödbetor 210
    milkshake av choklad & björnbär 186
chorizo, vego-
    sallad med quinoa & vegochorizo 151
citron
    granita av melon med citron & mynta 225
    lemonad av fläderblom 203
    sås av citronmeliss 138
    zucchinirullar med ricotta, passionsfrukt & citron 168
    ört- och citronmarinad 118
citrondoftande sallad med fänkål och linser 84
cocktail
    pärlande cocktail av kombucha 178
couscous, fullkorns- 17

marockansk tagine av grönsaker 125
crêpes
    indiska crêpes av kikärter med raita & bladgrönsaker 89
cupcakes med morot, kokos & banan 213

D

dadlar 10
    chokladtryfflar med spirulina 232
    dadelsirap, raw 30
    färska och torkade 10
    proteinstänger av hampa 226
dinkel, hel 12
dinkelmjöl, 17
    dinkelbullar med kardemumma & äpple 208
    mörkt danskt rågbröd 58
    pizzadeg på dinkelmjöl 140
    tunt knäckebröd 48
dressing
    apelsindressing 76
    cashew- och tomatdressing 131
    cashewnötsdressing 65
    currydressing 176
    lönnsirapsdressing 107
    senapsdressing 129, 151
druvor
    sallad med vildris, jordärtskockor & druvor 76

F

falafel
    ugnsbakad falafel med örter & pistasch 65
fetaost
    matiga majs med hirs 95
    quinoabiffar med blomkål & ramslök 71
fikon
    sylt av fikon, rabarber & päron 160
frittata med örter & sparris 38
frukostskål 46
frukt
    bovetegröt med ingefära 57

fruktremmar 222
grundkurs i juice 188
stenfruktssallad med krämig getost 40
se även bär
fryst jordgubbscheesecake med solrosbotten 218
frön 7–8
frökex med apelsinkyss 164
granola med blommor 51
groddning 28
proteinstänger av hampa 226
frösmör 8, 27
fullkornscouscous 11
fullkornspasta 10
fyllda tomater med amarant & halloumi 152
fyllningar
apelsinquinoafyllning 98
fyllning av grön zucchini 143
fyllning av söt aprikos 142
fyllning av vit potatis 143
fyllning av äpple & svamp 100
lila rödbetsfyllning 98
majs- & mangofyllning 82
röd siciliansk fyllning 142
fänkål
citrondoftande sallad med fänkål & linser 84
tarteletter med fänkål & kokos 96
grön renande energishot 193

G

gazpacho av jordgubbar 108
getmjölk 9
getost
citrondoftande sallad med fänkål & linser 84
fyllning av grön zucchini 143
fyllning av vit potatis 143
stenfruktssallad med krämig getost 40
wraps med rödbetor, äpple & getost 98
ghee (klarat smör) 13, 31
glasyr
chokladglasyr 217
glasyr med färskost 213

gojibär 12
granatäpple
broccolisallad med granatäpple & russin 68
granita av melon med citron & mynta 225
granola med blommor 51
grapefrukt
juice av morötter & grapefrukt 193
groddar, ceviche av 167
groddning 28
grytor
gryta med rabarber, äpple & pumpa 116
marockansk tagine av grönsaker 125
rödbetsbourguignon 121
grädde, växtbaserad 9
pannkakstårta med sommarbär 235
grönsaker
grundkurs i juice 188
marockansk tagine av grönsaker 125
pyttipanna med bondbönor 129
rostade rotfrukter 152
rotfruktsmos 149
smala rotfruktsstavar 178
sushiexplosion! 138–139
grönsaksbuljong 22
gröt
bovetegröt med ingefära 57
ungsbakad knaprig gröt med björnbär 37
guacamole 118
gulögda bönor 9
gröna linser 9
gröna ärter 9
gula linser 9
gula ärter 9
gurka
raita 89

H

hallon
hallondoftande chokladbrownie 217
juice av hallon & lakrits 193
röda hallonremmar 222

halloumi
    fyllda tomater med amarant & halloumi 152
hampafrön 7
    proteinstänger av hampa 226
hampamjölk 9
hampaproteinpulver 12
hasselnöt 8
    pesto av broccoli 175
    ungspaket med hasselnöt, aubergine & svamp 126
hasselnötsmjölk 27
    sött masala chai-te 194
havregryn 11
    granola med blommor 51
    proteinstänger av hampa 226
    ugnsbakad knaprig björnbärsgröt 37
havregrädde 9
havremjölk 9, 27
    milkshake av choklad & björnbär 186
    klassisk bärsmoothie 197
hirs 11
    matiga majsmuffins med hirs 95
honung, raw och flytande 10

I

incabär 12
indisk daal med söta aprikoser & blomkål 115
ingefära, inlagd 132

J

jordgubbar
    fryst jordgubbscheesecake med solrosbotten 218
    gazpacho av jordgubbar 108
    sallad med belugalinser, rabarber & sparris 107
jordärtskockor
    sallad med vildris, jordärtskockor & druvor 76
juicer
    grundkurs i juice 13, 188
    grön renande energishot 193
    juice av hallon & lakrits 193
    juice av morötter & grapefrukt 193
    juice av rödbetor & vattenmelon 189
    virgin äppelmojito 189
jäst, färsk och torr 11

K

kakao, kakaonibs 13
kallpressad kokosolja 7
kallpressad linfröolja 7
kallpressad olivolja 7
kallpressad rapsolja 7
kamutmjöl 11
kastanjemjöl 11
katrinplommon 10
keso
    tunna omelettrullar med äpple & keso 54
kex
    frökex med apelsinkyss 164
kidneybönor 9
kikärter 9
    groddning 28
    marockansk tagine av grönsaker 125
    soppa med rostade tomater & kikärter 81
    ugnsbakad falafel med örter & pistasch 65
kikärtsmjöl 11
    indiska crêpes av kikärter med raita & bladgrönsaker 89
kimchi 13
kiwi
    virgin äppelmojito 189
knaprig äggsallad med curry 176
knäckebröd, tunt 48
kokosflingor 8
    mjölfria pannkakor med banan- & kokos 45
kokosmjölk 9
    milkshake av choklad & björnbär 186
    tarteletter med fänkål & kokos 96
    tom kha tofu 66
kokosolja, kallpressad 7
kokossmör 7
kokossocker 10
kombucha 13

pärlande cocktail av kombucha 178
korn, helt 12
korv
    sallad med quinoa & vegochorizo 151
kryddor
    hemlagad kryddblandning 115
    smala rotfruktsstavar 178
kvarg
    fryst jordgubbscheesecake med solrosbotten 218
köksutrustning 13

L

lakrits
    juice av hallon & lakrits 193
lasagneplattor 10
lassi med saffran, nypon & honung 200
lemonad av fläderblom 203
limabönor 9
lime
    limemarinad 167
    virgin äppelmojito 189
linfrön 8
    tunt knäckebröd 48
linfröolja, kallpressad 7
linser 8, 9
    citrondoftande sallad med fänkål & linser 84
    groddning 28
    indisk daal med söta aprikoser & blomkål 115
    linser, gröna 9
    linser, gula 9
    linser, röda 9
    röda linsbollar med sås av citronmeliss 138
lönnsirap, ren 10
    lönnsirapsdressing 107
    sallad med belugalinser, rabarber & sparris 107

M

macadamianöt 8
majskolv
    savojtacos med fyllning av majs & mango 82
majsmjöl 11
    matiga majsmuffins med hirs 95
majsstärkelse 11
mandel 8
    pizza med botten av blomkål 86
    ärtstomp med mandel och chili 159
mandelmjöl 11
mango
    gula mangoremmar 222
    savojtacos med fyllning av majs & mango 82
marinad 84
    enbärsmarinad 149
    limemarinad 167
    ört- & citronmarinad 118
marockansk tagine av grönsaker 125
matiga majsmuffins med hirs 95
melass 10
melon
    granita av melon med citron & mynta 225
milkshake av choklad & björnbär 186
miso 13
mjuka kakor
    hallondoftande chokladbrownie 217
    cupcakes med morot, kokos & banan 213
    dinkelbullar med äpple & kardemumma 208
    lyxig chokladkaka med rödbetor 210
mjöl 11
mjölk, växtbaserad 9, 27
morot
    cupcakes med morot, kokos & banan 213
    juice av morötter & grapefrukt 193
mousse
    enkel chokladmousse 214
mozzarella
    siciliansk parmigiana di zucchine 136
muffins
    matiga majsmuffins med hirs 95
mullbär 12
mungbönor 9
    ceviche av groddar 167

N

noriark 12
    sushiexplosion! 138–139
nudlar 10–11
nyponpulver 12
    lassi med saffran, nypon & honung 200
nässlor 12
    pesto av nässla 75
nötgrädde 9, 27
nötmjölk 9, 28
nötsmör 8, 27
nötter 7–8
    blötläggning 28
    granola med blommor 51

O

olivolja, kallpressad 7
olja 7
omelett
    tunna omelettrullar med äpple & keso 54

P

pajdeg, glutenfri 96
pannkakor
    indiska crêpes av kikärter med raita & bladgrönsaker 89
    mjölfria pannkakor med banan- & kokos 45
    pannkakstårta med sommarbär 235
paprika
    röra av röd paprika & rosmarin 171
paranöt 7
passionsfrukt
    zucchinirullar med ricotta, passionsfrukt & citron 168
pasta 10
pastej av tomater & valnötter 173
pepparrot
    potatissallad med dill & pepparrot 105
persika
    persiko- & portabelloburgare 118
    vaniljpersikor med strössel av pistasch 228
pesto
    pesto av broccoli 175
    pesto av nässla 75
physalis (incabär) 18
picknickbröd med fyllning av äpple & svamp 100
pinjenöt 8
    pesto av nässla 75
pintobönor 9
pistaschnöt 8
    ugnsbakad falafel med örter & pistasch 65
    vaniljpersikor med strössel av pistasch 228
pizza
    fyllningar 142–143
    fyra vegetariska pizzor 140
    pizza med botten av blomkål 86
    pizzadeg på dinkelmjöl 140
polenta 11
potatis
    fyllning av vit potatis 143
    potatissallad med dill & pepparrot 105
    röd siciliansk fyllning 142
proteinpulver 12
proteinstänger av hampa 226
psylliumfrön 8
pumpafrön 8
    ugnsbakad knaprig björnbärsgröt 37
pumpa
    gryta med rabarber, äpple & pumpa 116
puylinser 8
pyttipanna med bondbönor 129
päron
    sylt av fikon, rabarber & päron 160

Q

quinoa 8
    apelsinquinoafyllning 98
    quinoabiffar med blomkål & ramslök 71
    sallad med quinoa & vegochorizo 151
quinoamjöl 12

R

rabarber
  gryta med rabarber, äpple & pumpa 116
  sallad med belugalinser, rabarber & sparris 107
  sylt av fikon, rabarber & päron 160
raita
  indiska crêpes av kikärter med raita &
    bladgrönsaker 89
ramslök
  quinoabiffar med blomkål & ramslök 71
rapsolja, kallpressad 7
raw honung 10
raw kakao 13
ricottaost
  fyllning av söt aprikos 142
  ungspaket med hasselnöt, aubergine & svamp 126
  zucchinirullar med ricotta, passionsfrukt &
    citron 168
ris 12
  brunt sesamris 132
rismjöl, brunt 12
rismjölk 10
risproteinpulver 12
risvinäger 7
rotfrukt
  rostade rotfrukter 152
  rotfruktsmos med enbärsmarinerad aubergine 149
  smala rotfruktsstavar 178
råg, hel 12
rågmjöl 12
  mörkt danskt rågbröd 58
  tunt knäckebröd 48
röda linser 9
  röda linsbollar med sås av citronmeliss 138
rödbeta
  juice av rödbetor & vattenmelon 189
  lyxig chokladkaka med rödbetor 210
  rödbetsbourguignon 121
  wraps med rödbetor, äpple & getost 98
rödkål
  sallad med vildris, jordärtskockor & druvor 76

rödvinsvinäger 7
röra av röd paprika & rosmarin 171

S

sallad
  broccolisallad med granatäpple & russin 68
  citrondoftande sallad med fänkål & linser 84
  knaprig äggsallad med curry 176
  potatissallad med dill & pepparrot 105
  sallad med belugalinser, rabarber & sparris 107
  sallad med quinoa & vegochorizo 151
  sallad med vildris, jordärtskockor & druvor 76
  sushiexplosion! 138–139
salsa, tomat- med chili 65
sauerkraut 13
savojtacos med fyllning av majs & mango 82
senapsdressing 129, 151
sesamolja, oraffinerad 7
  baba ganoush 158
siciliansk parmigiana di zucchine 136
sirap
  dadelsirap, raw 30
  äppelsirap 30
sjögräs 12
sjögräsnudlar 10–11
smala rotfruktsstavar 178
smoothie 196
  klassisk bärsmoothie 197
  uppiggande smoothie 197
smör 7
  ghee (klarat smör) 31
  se även nötsmör, frösmör
sobanudlar (bovetenudlar) 17
socker 10
soja 13
sojagräddde 10
sojamjölk 9
solrosfrön 8
  fryst jordgubbscheesecake med solrosbotten 218
  mörkt danskt rågbröd 58
  röra av röd paprika & rosmarin 165

soppa
    gazpacho av jordgubbar 108
    kall röd bärsoppa med grädde 231
    soppa med rostade tomater & kikärter 81
spaghetti, fullkorns- 81, 144
spaghetti, zucchini- med marinerad svamp 131
spannmål 11
    groddning 28
sparris
    frittata med örter & sparris 38
    knaprig äggsallad med curry 176
    sallad med belugalinser, rabarber & sparris 107
spenat 146
    bönotto med ostronskivling & spenat 146
    fyllning av grön zucchini 143
spirulinapulver 13
    chokladtryfflar med spirulina 232
supermat 12–13
surdeg 13
sushiexplosion! 138–139
svamp
    bönotto med ostronskivling & spenat 146
    persiko- & portabelloburgare 118
    picknickbröd med fyllning av äpple & svamp 94
    rödbetsbourguignon 121
    tom kha tofu 66
    ungspaket med hasselnöt, aubergine & svamp 126
    zucchinispaghetti med marinerad svamp 131
svarta bönor 9
svartögda bönor 9
sylt av fikon, rabarber & päron 160
syrade produkter 13
sås
    raw food-gräddfilssås 82
    sås av citronmeliss 138
    tomatsås 22
    äppelketchup 30
sötning, naturlig 10

T

tacos
    savojtacos med fyllning av majs & mango 82
tagine, marockansk, av grönsaker 125
tamari 13
tarteletter
    tarteletter med fänkål & kokos 96
te, grönt
    sött masala chai-te 194
    uppiggande smoothie 197
tofu 9
    sushiexplosion! 138–139
    tom kha tofu 66
tomater
    cashew- & tomatdressing 131
    fyllda tomater med amarant & halloumi 152
    pastej av tomater & valnötter 173
    röd siciliansk fyllning 142
    siciliansk parmigiana di zucchine 136
    soppa med rostade tomater & kikärter 81
    tomatsalsa med chili 65
    tomatsås 22
    äppelketchup 30
tortilla, se wraps
tranbär 12
tryfflar, choklad- med spirulina 232

U

udonnudlar (risnudlar) 17
ugnsbakad knaprig gröt med björnbär 37
ugnspaket med hasselnöt, aubergine & svamp 126

V

valnöt 8
    pastej av tomater & valnötter 173
vanilj 10
    vaniljpersikor med strössel av pistasch 228
vattenmelon
    gazpacho av jordgubbar 108

juice av rödbetor & vattenmelon 189
vegobiffar
    quinoabiffar med blomkål & ramslök 71
vegochorizo 151
    sallad med quinoa & vegochorizo 151
vete, helt 11
vetegroddar 12
vetegräspulver 13
vildris 12
    sallad med vildris, jordärtskockor & druvor 76
vinäger 7
virgin äppelmojito 189
vita bönor 9
vitkål
    savojtacos med fyllning av majs & mango 82
    tom kha tofu 66
    ugnsbakad falafel med örter & pistasch 65
vitvinsvinäger 7
wraps
    wraps med rödbetor, äpple & getost 98

Y

yoghurt
    lassi med saffran, nypon & honung 200
    raita 89
    superenkel yoghurt 25
    wasabiyoghurt 132–133

Z

zucchini
    fyllning av grön zucchini 143
    siciliansk parmigiana di zucchine 136
    zucchinirullar med ricotta, passionsfrukt & citron 168
    zucchinispaghetti med marinerad svamp 131

Ä

ägg
    knaprig äggsallad med curry 176
    mjölfria pannkakor med banan- & kokos 45
    siciliansk parmigiana di zucchine 136
se även frittata; omelett
äppelcidervinäger 7
äppelmust 10
    granita av melon med citron & mynta 225
    pärlande cocktail av kombucha 178
äpple
    dinkelbullar med äpple & kardemumma 208
    frukostskål 46
    gryta med rabarber, äpple & pumpa 116
    grön renande energishot 193
    juice av hallon & lakrits 193
    picknickbröd med fyllning av äpple & svamp 100
    tunna omelettrullar med äpple & keso 54
    virgin äppelmojito 189
    wraps med rödbetor, äpple & getost 98
    äppelketchup 30
    äppelmos 10
    äppelmust 10
    äppelsirap 10, 30
ärter, gröna 9
ärter, gula 9
    ärtstomp med mandel & chili 159
ärtproteinpulver 12

Ö

örter & sparris, frittata med 38
örter & sparris, ungsbakad falafel med 65

TACK. TAK. THANK YOU!

Elsa – du kan inte läsa det här riktigt än, men du har rört om i skålarna, lekt i gräset och sprungit runt benen på oss när vi har provat ut recept och tagit bilder till den här boken. Om du inte hade varit ett så mirakulöst glatt barn hade vi aldrig klarat av projektet med ett sådant snävt schema. Du kanske tar upp boken om tio år och läser det här. Du lär nog inte ens komma ihåg det, men du är en del av den här boken. Vi älskar dig.

Johanna – alla bilder i boken är underbara! Det är inte alltid så lätt att arbeta med sin bror, men du var fantastiskt duktig på att balansera på bord och tålmodigt vänta på perfekt ljus. Vi beundrar verkligen ditt arbete och är väldigt glada över att du ville vara vår fotograf.

Kate och Chris – vi hade ingen aning om hur man skriver en kokbok. Tack för att ni höll oss i händerna under hela processen. Och för att ni trodde på oss och hela tiden var positiva när vi oroade oss och tvekade. Till all vår släkt i Danmark och Sverige – vi kan inte tacka er nog för ert kärleksfulla stöd och för att ni har hjälpt oss med allt från att testa ett rågbrödsrecept eller låna ut er bil till att lära oss hur man bakar ut kanelbullar på mormors vis.

Affe och Marie, Erik och Hanna, Kristina, Stefan och Inga, och Anders – tack för att ni har lånat ut era sommarstugor till oss medan vi arbetade med boken. Era hus, trädgårdar, möbler, serviser och dörrar (!) blev fantastiska miljöer och bakgrunder för våra bilder. Dessutom hade vi väldigt mysigt där.

Och till alla våra fantastiska bloggläsare. Det är ert ständiga stöd, er konstruktiva feedback på våra recept och era uppmuntrande kommentarer som sporrar oss att växa och förbättra våra färdigheter i köket. Vissa av er hjälpte oss också med att testa recepten i boken. Ett stort tack till (hoppas att vi inte har glömt någon nu): Katie Dalebout, Jacquelyn Scoggin, Emily Meagher, Wendy Kastner, Line Sander Johansen, Elizabeth Allen, Michealla Redeker, Marijke Fisser, Matt & Amalie, Rikke Bülow Mindegaard Christensen, Natalia Mrukowicz, Susanne Irmer, Lisa Frenkel, Lydia Loeskow Söderberg, Helena Strand, Shadya Ghemati, Michèle Janse van Rensburg, Dana Slatkin, Yasmin Mckenzie, Anna Hastie, Blaine Tacker, Hjørdis Petersen, Jeanine Donofrio, Laura Gates, Sasha Gora, Modini Therese Natland, Sophie Pronovost, Klelia Shoo-Kara, Meg Pell, Benedikte Capion, Nicola Griffiths och Eveline Johnsson.
Tack. Tak. Thank you!

OM FÖRFATTARNA

David Frenkiel och Luise Vindahl är paret bakom den kritikerrosade vegetariska matbloggen Green Kitchen Stories som följs av läsare från hela världen. Nyttiga, säsongsbetonade och läckra vegetariska recept tillsammans med färgglada och vackra bilder är deras signum. Deras arbete har publicerats i *Saveur, Food & Wine, The Guardian, Bon Appetit, Gourmet, Cook Vegetarian, ELLE, Babble* och *Jamie Oliver's magazine*. Deras app "Green Kitchen" blev utsedd av Apple till en av App Stores bästa appar 2012.

David är svensk och Luise är danska och de bor för närvarande i Stockholm med sin dotter Elsa. Luise har en kandidatexamen i socialpedagogik och har jobbat flera år inom socialpsykiatri. Nu arbetar hon som frilansande matskribent och receptutvecklare och studerar samtidigt till certifierad näringsterapeut. David har de senaste tio åren arbetat som art director på några av Sveriges största magasin. Nu arbetar han som frilansande designer, receptutvecklare, matstylist och fotograf.

Det här är deras första kokbok.

www.greenkitchenstories.com

Norstedts
Besöksadress: Tryckerigatan 4
Box 2052
103 12 Stockholm
www.norstedts.se

Norstedts ingår i
Norstedts Förlagsgrupp AB,
grundad 1823

© 2013 David Frenkiel & Luise Vindahl
och Norstedts, Stockholm

Första upplagan, fjärde tryckningen 2015

Originalets titel: The Green Kitchen
Originalförlag: Hardie Grant Books
Förläggare Hardie Grants Books: Kate Pollard
Översättning: Sandra Medin
Formgivning: Charlotte Heal
Repro: p2d
Svenskt original: Jan Holtz
Omslagsdesign: Charlotte Heal Omslagsfoto: Johanna Frenkel
Foton: Johanna Frenkel

ISBN 978-91-1-305577-0

Tryckt i Kina 2015 av Printing International Limited